ÉDITION ACTUALISÉE

- Mise à jour complète
- Cours en sketchnotes
- Nouveaux entraînements au Bac

1RE STMG

W0330252

ÉCONOMIE

PARCOURS CROISÉS

S. Breuillet-Guyon
Professeure d'économie-gestion
Lycée François Couperin, Fontainebleau

P. Guéniot
Professeur d'économie-gestion
Lycée Jules Siegfried, Paris

M. Kœnig
Professeure d'économie-gestion
Lycée Jules Siegfried, Paris

A. Mouliac-Bertucchi
Professeure d'économie-gestion
Lycées Aristide Maillol et Pablo Picasso, Perpignan
Professeure formatrice, INSPE, Paris

G. Ouger
Professeure d'économie-gestion
Lycée Jules Siegfried, Paris

É. Santos
Professeure d'économie-gestion
Lycée Sophie Germain, Paris

DELAGRAVE

Présentation de votre manuel

L'ouverture des chapitres

Le rappel du thème pour se repérer dans le programme

Les notions abordées et les capacités visées

Des documents visuels et des questions simples pour mobiliser les pré-requis des élèves

RESSOURCES NUMÉRIQUES
Une vidéo pour choisir son entrée dans le chapitre

RESSOURCES NUMÉRIQUES
Au fil des pages, des vidéos pour prolonger et animer le cours

Le cours

Des pages clairement structurées pour construire les notions

Des questions courtes et progressives

Des documents courts et variés

Des rubriques « Définition », « Méthode », « Focus » et « Mémo calcul » en appui des documents pour faciliter leur compréhension

Des questions de réflexion pour conceptualiser et inciter l'élève à rédiger et à construire son cours au fur et à mesure

Éditions Delagrave – 5 allée de la 2e D.B. – 75015 Paris
www.editions-delagrave.fr
ISBN : 978-2-206-10749-3

Les activités

Un exercice
pour tester
les connaissances

Des activités variées
pour travailler l'oral,
les calculs, la rédaction
et l'argumentation à partir
de documents, de vidéos
et de jeux de rôle

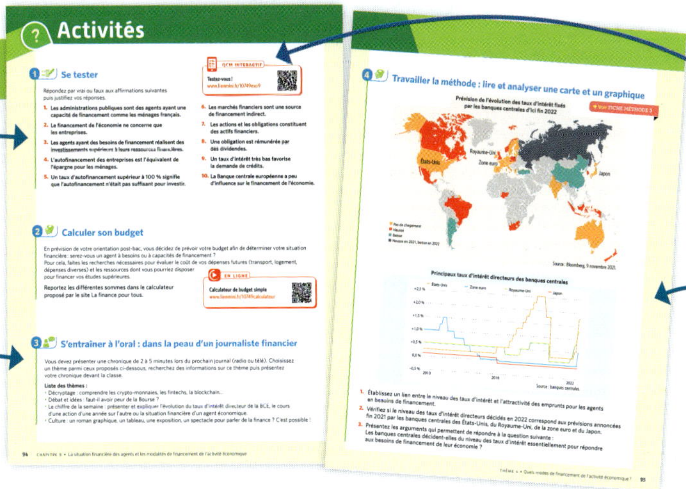

RESSOURCES NUMÉRIQUES
La version interactive du quiz

Un entraînement
pour mobiliser
les méthodes

La synthèse

Une présentation
schématique
pour visualiser
et mémoriser les
principales notions

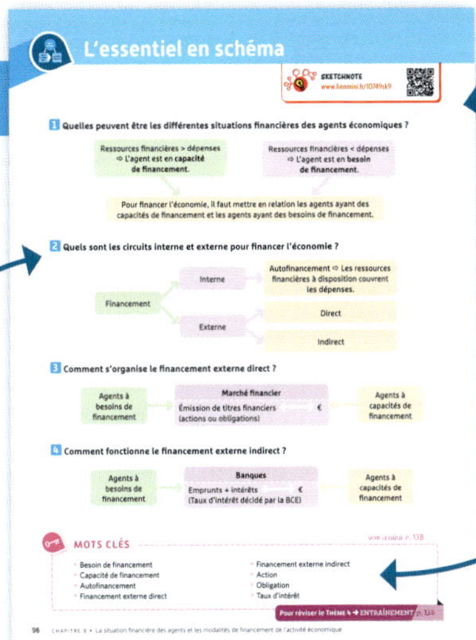

RESSOURCES NUMÉRIQUES
Le **sketchnote** :
synthèse dessinée et
commentée en vidéo

Les mots clés
du chapitre expliqués
dans le lexique
en fin d'ouvrage

La méthode

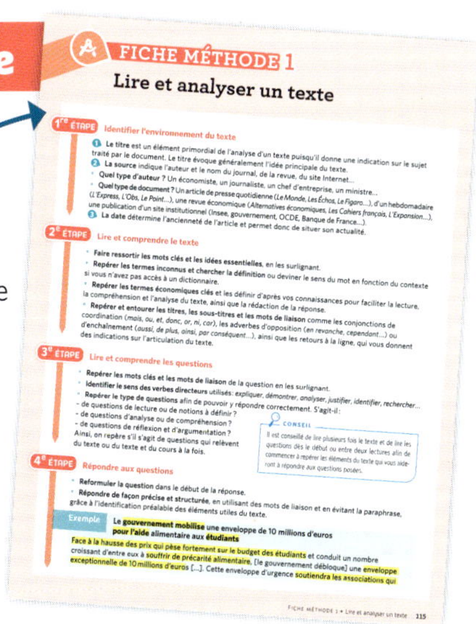

À la fin du manuel,
5 fiches de méthode
pour acquérir
les savoir-faire
nécessaires
à l'examen

Vers l'épreuve

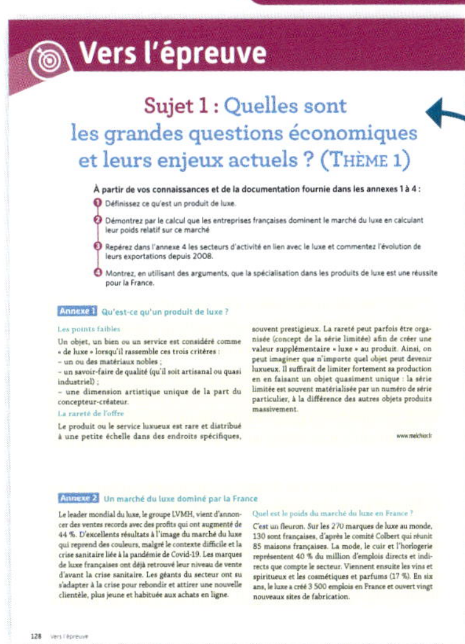

À la fin du manuel,
5 dossiers
de 2 pages pour
remobiliser
les notions
et s'entraîner
dans l'esprit de
l'examen

Sommaire

Ressources numériques

PRÉSENTATION

EN ACCÈS GRATUIT POUR TOUS

COMMENT ACCÉDER À CES RESSOURCES ?

- Depuis une tablette ou un smartphone en scannant le QR-code.
- Depuis un ordinateur en saisissant le lien mini indiqué dans l'ouvrage.
- Directement dans le manuel numérique.

1 Des vidéos

1'42

Pourquoi a-t-on inventé l'argent ?
www.lienmini.fr/10749argent

✔ En ouverture de chapitre, une vidéo avec des questions pour découvrir les notions du programme.

✔ Dans le reste du chapitre, des vidéos pour approfondir les notions.

2 Des tests auto-corrigés

DELAGRAVE

Tester ses connaissances – Chapitre 1

Indiquez si les propositions suivantes sont vraies ou fausses.

2. La fonction principale d'une banque est la production de services financiers.

☐ Vrai

☐ Faux

www.lienmini.fr/10749exo1

✔ Des exercices interactifs pour évaluer ses connaissances en fin de chapitre.

3 Des vidéos sketchnotes

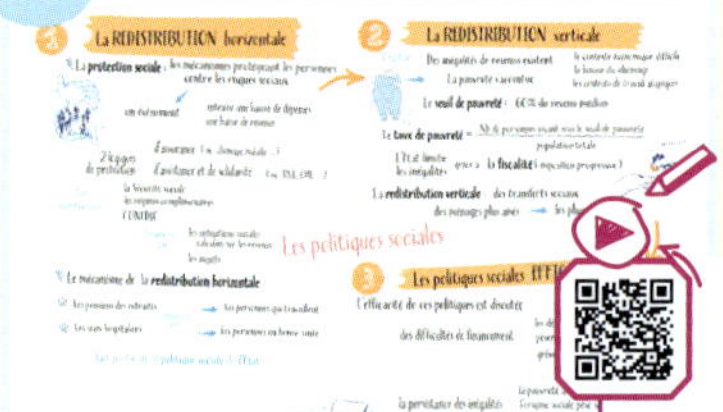

www.lienmini.fr/10749sk1

✔ Pour retenir l'essentiel, une vidéo comportant un résumé de cours dessiné et commenté.

SOMMAIRE

THÈME 1 Quelles sont les grandes questions économiques et leurs enjeux actuels ?

VIDÉOS

Thème 2 Comment la richesse se crée-t-elle et se répartit-elle ?

Thème 3 Comment les ménages décident-ils d'affecter leur revenu ?

Thème 4 Quels modes de financement de l'activité économique ?

Thème 5 Les marchés des biens et services sont-ils concurrentiels ?

CHAPITRE 1

Les agents économiques et les différents types de biens et services

THÈME 1
Quelles sont les grandes questions économiques et leurs enjeux actuels ?

1. Les agents économiques et les différents types de biens et services
2. Les décisions du consommateur et du producteur
3. Les échanges économiques

Notions abordées

- Les différents agents économiques et leur fonction principale
- Les différents types de biens et services
- Les contraintes économiques : revenu, temps, espace, information
- L'arbitrage entre les différentes activités et les choix économiques

Pour être capable

- D'identifier les acteurs économiques et leurs fonctions.
- De distinguer la nature des biens et services.

1. Énoncez ce que représentent ces photographies.
2. Expliquez le rôle joué par les acteurs représentés sur ces photographies.

LANCER LA SÉANCE

VIDÉO EN QUESTIONS

Inflation : le succès des magasins de déstockage
www.lienmini.fr/10749stock

Jusqu'à 2:17

1. Décrivez la situation à laquelle font face les individus dans ce reportage.
2. Expliquez en quoi la montée des prix est une contrainte pour le budget de ces personnes.

1 Qui sont les agents économiques et quels sont leurs besoins ?

A Les agents économiques

DOCUMENT 1 Qu'est-ce qu'un agent économique ?

Un agent économique désigne un individu ou un groupe d'individus qui prend des décisions économiques. La comptabilité nationale distingue six types d'agents économiques (dénommés par l'Insee « secteurs institutionnels ») : les ménages, les sociétés non financières, les sociétés financières, les administrations publiques, les institutions sans but lucratif au service des ménages (ISBLM) et le reste du monde.

www.lafinancepourtous.com

1. Définissez la notion d'agent économique.
2. Listez les différents agents économiques énumérés dans le document.

DOCUMENT 2 Quelles sont les grandes fonctions des agents économiques ?

A Financement de l'économie et production de services d'intermédiation financière.

Ex. : Crédit Agricole

B Ensemble des agents économiques étrangers qui ont des relations économiques avec des agents économiques français.

C Production de biens ou de services marchands non financiers.

Ex. : Peugeot, L'Oréal, Orange, Basic-Fit

D Ensemble des organismes dont la fonction principale est la production de services non marchands, la redistribution des richesses nationales ou la régulation de l'économie.

Ex. : la Sécurité sociale

E Ensemble des occupants d'un logement (n'ayant pas nécessairement des liens familiaux). Ils consomment des biens et des services.

Ex. : M. et Mme Durand

F Secteur associatif qui regroupe les associations, les fondations, les partis politiques ou les syndicats fournissant des services aux seuls ménages.

Ex. : la Fédération française de cardiologie

1. En vous aidant du document 1, associez à chaque lettre le nom de l'agent économique qui correspond.
2. Déduisez des définitions le rôle de chaque agent économique dans l'économie.
3. Expliquez à quoi correspond l'expression le « reste du monde ».
4. Citez les agents économiques que vous avez rencontrés au cours des dernières 24 heures.

B Les besoins des agents économiques

DOCUMENT 3 Des besoins divers et illimités

Les besoins sont au cœur même de l'activité économique puisque leur existence est la raison d'être de la production. […]

Les besoins peuvent être classés en deux grandes catégories :

- les **besoins élémentaires ou physiologiques (besoins primaires)** indispensables à la survie : se loger, respirer, manger, se protéger du froid et de la chaleur, se défendre contre les agressions… Quelques besoins primaires sont satisfaits par la nature, notamment celui de respirer, mais la majorité d'entre eux ne le sont pas et nécessitent la production de biens par l'homme ;
- les **besoins matériels (besoins secondaires)** destinés à satisfaire un bien-être supplémentaire, des nécessités non vitales : équipement, culture, vêtements à la mode, téléphone portable…

On peut aussi les classer en :

- **besoins individuels**, que l'individu consommateur peut satisfaire lui-même, en fonction de ses ressources, en achetant les biens et services associés ;
- **besoins collectifs**, exprimés par un ensemble d'individus, pour la satisfaction desquels la collectivité (l'État, les organismes sociaux) met gratuitement à disposition des services collectifs (éducation, police).

Les besoins sont illimités car on constate que si au fur et à mesure qu'un besoin est satisfait, son intensité diminue, un autre apparaît et la chaîne continue.

www.lefrancaisdesaffaires.fr

DÉFINITION

Un **besoin** désigne une sensation de manque que l'individu va s'efforcer de satisfaire.

1. Citez les deux grandes catégories de besoins.
2. Listez quelques-uns de vos besoins, puis comparez-les avec ceux de votre voisin en classe.
3. Tirez-en une conclusion.

DOCUMENT 4 Les différentes catégories de besoins

Aller au cinéma

Se nourrir

Se chauffer

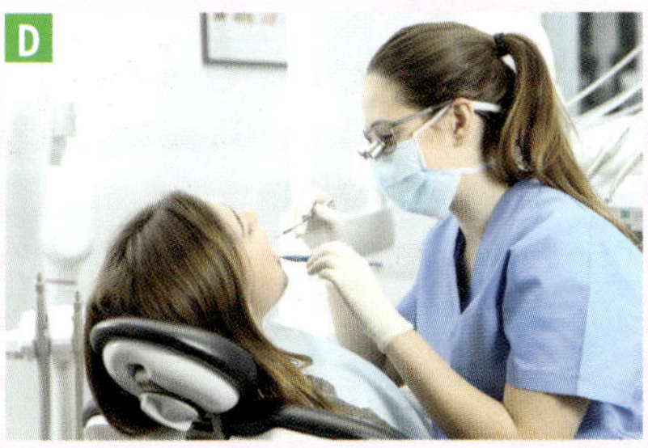

Se soigner

Partir en vacances

Téléphoner

1. Associez chaque photographie avec l'une des deux grandes catégories de besoins vues dans le document 3.
2. Expliquez pourquoi on affirme que les besoins sont illimités comme le mentionne le document 3.

Préparer sa synthèse

1. Listez les différents agents économiques et leur fonction principale dans l'économie.
2. Présentez la notion de besoin en économie.

2 Comment satisfaire les besoins des agents économiques ?

A Des biens et des services pour satisfaire les besoins

DOCUMENT 5 Bien libre et bien économique

Pour satisfaire leurs besoins, les humains consomment des biens. Pour analyser la satisfaction des besoins et leurs conséquences économiques, les économistes distinguent plusieurs types de biens.

Les biens libres

Les biens libres sont les biens qui n'ont pas de coût. Soit ils sont très utiles et même vitaux mais ils sont abondants sans pratiquement aucune limite (exemple : l'air que nous respirons), soit ils ne sont pas particulièrement abondants mais ils n'intéressent qu'un nombre limité d'individus et il n'est pas nécessaire de les produire en grande quantité (exemple : les fleurs des champs).

Les biens économiques

Ces biens supposent l'existence :
- d'un besoin et de moyens productifs pour satisfaire ce besoin ;
- d'une transformation, ce qui les distingue radicalement des biens naturels.

Les biens économiques sont donc des produits qui ont un coût de production et un prix de vente. Ils peuvent être soit matériels et stockables, soit immatériels (on les nomme alors des services) et non stockables.

Les Grandes Questions que se posent les économistes, www.editions-ellipses.fr

1. Distinguez bien économique et bien libre.
2. Expliquez comment un agent économique arrive à satisfaire ses besoins.
3. Associez un besoin avec la consommation d'un bien économique, puis faites la même chose avec un bien libre.

DOCUMENT 6 Production marchande et production non marchande

Dans un sens courant, la production désigne la fabrication de biens ou la mise à disposition de services propres à satisfaire des besoins individuels ou collectifs. [...]

La **production marchande** correspond à la production de biens et de services destinée à être vendue sur un marché et dont le prix couvre au moins les coûts de production. Ces biens sont produits par des entreprises.

La **production non marchande** comprend les services gratuits ou quasi gratuits (échangés contre une contribution inférieure à 50 % de leur coût de production). Ces services sont fournis par les administrations publiques ou les organisations à but non lucratif (associations, etc.). [...]

Les services peuvent être marchands (le conseil, la publicité, etc.) ou non marchands (la police, la justice, la défense, etc.).

www.vie-publique.fr, © DILA.

1. Précisez si le document 6 fait référence à des biens économiques ou des biens libres.
2. Expliquez la différence entre production marchande et production non marchande.
3. Donnez un exemple de service marchand et de service non marchand.

B Des besoins illimités face à des ressources limitées

DOCUMENT 7 Nos ressources nous permettent-elles de répondre à nos besoins illimités ?

Tout le monde souhaiterait avoir une belle maison, située dans un bel endroit (avec une aide ménagère à domicile), deux ou trois voitures de luxe, et des vacances fréquentes dans des hôtels de charme. Mais même dans un pays riche [...], peu de familles peuvent s'offrir tout cela. Elles doivent donc faire des choix : aller à Disney World cette année ou s'acheter une voiture de meilleure qualité, se contenter d'un petit jardin ou accepter un trajet plus long pour aller au travail et vivre là où l'espace est moins cher.

Un revenu limité n'est pas la seule chose qui empêche les gens d'avoir tout ce qu'ils désirent. Le temps est également limité : il n'y a que 24 heures dans une journée. Et dans la mesure où notre temps est limité, choisir de consacrer du temps à une activité signifie également ne pas consacrer du temps à une autre activité : passer du temps à réviser pour un examen signifie renoncer à aller au cinéma. Beaucoup de personnes sont à ce point contraintes par le nombre d'heures dans une journée qu'elles sont prêtes à échanger de l'argent contre du temps. Par exemple, les épiceries de quartier pratiquent des prix plus élevés qu'un supermarché traditionnel. Mais elles rendent service aux clients pressés par le temps qui préfèrent payer davantage plutôt que de se déplacer jusqu'au supermarché.

Pourquoi les individus doivent-ils faire des choix ?

La raison ultime est que les ressources sont rares. [...] Une ressource est rare quand la quantité disponible n'est pas suffisante pour satisfaire tous les usages productifs. Il existe de nombreuses ressources rares, parmi lesquelles les ressources naturelles. [...] Et dans une économie mondiale en croissance [...], même l'air pur et l'eau salubre sont devenus des ressources rares.

Paul Krugman, Robin Wells, *Microéconomie*, De Boeck, 2019.

1 Expliquez ce qu'est une ressource rare.

2 Justifiez pourquoi les individus doivent faire des choix.

FOCUS

Face à des besoins illimités auxquels les individus répondent par une consommation importante dans les sociétés occidentales, un courant de pensée économique a vu le jour : l'**économie de la décroissance**. Ce concept à la fois politique, économique et social prône la réduction de la consommation.

Pour les partisans de la décroissance, les pays développés doivent s'efforcer de consommer moins d'énergie et de ressources afin de réduire leur empreinte écologique et assurer la pérennité de l'espèce humaine.

Préparer sa synthèse

1 Listez les différents types de biens permettant de répondre aux besoins des agents économiques.

2 Expliquez pourquoi l'individu doit faire des choix économiques.

3 Comment les agents économiques font-ils des choix pour répondre à leurs besoins ?

A Des choix sous contraintes

DOCUMENT 8 Qui accède à la culture ?

Les pratiques culturelles selon le niveau de vie (en %)

	Les 20 % les plus pauvres	Les 20 % les plus riches	Ensemble de la population
Cinéma			
A été au cinéma plus de 3 fois sur un an	17	42	28
N'a pas pu se permettre d'aller au cinéma sur un an	17	1	6
Spectacle (théâtre, concert, spectacle vivant)			
A vu un spectacle plus de 3 fois sur un an	10	31	18
N'a pas pu se permettre d'aller voir un spectacle sur un an	17	1	6
Site culturel			
A visité un site culturel plus de 3 fois sur un an	11	39	20
N'a pas pu se permettre de visiter un site culturel sur un an	14	1	5

Source : Insee, © Observatoire des inégalités.

1. Rédigez une phrase avec « 42% », puis avec « 17 % ».
2. Comparez ces deux pourcentages.
3. Déduisez-en pour quelle raison principale certains agents économiques ne vont pas plus de 3 fois par an au cinéma.
4. En vous appuyant sur le document 7 p. 13, montrez qu'il existe une contrainte autre que la contrainte mise en avant par la question 3 quand les individus réalisent un choix.

DÉFINITION

La notion de **contrainte économique** fait référence au fait que les ressources nécessaires pour produire les biens et les services qui répondent aux besoins des individus ont un coût et une disponibilité limitée.

B La nécessité de réaliser des arbitrages

DOCUMENT 9 L'arbitrage

C'est ce que pratique la plupart des acteurs économiques lorsqu'ils sont confrontés à une décision. Celle-ci est le plus souvent prise dans un contexte où des objectifs contradictoires sont présents et des conséquences avantageuses ou néfastes peuvent s'en suivre. [...]
Un constructeur automobile peut décider d'arrêter un modèle de voiture populaire parce qu'il a une rentabilité faible, en prenant le risque de décevoir des clients satisfaits et fidèles. Mais il fait un pari sur un nouveau modèle qui doit lui permettre de gagner des parts de marché et devancer ses concurrents, tout en augmentant la rentabilité de sa gamme. Il ne sait pas, au moment où il prend sa décision, ce que ses concurrents ont de leur côté prévu de faire à moyen terme. Et il se peut qu'au moment où il sort son nouveau modèle, un concurrent en sorte un qui soit encore plus attractif et détourne une partie de sa clientèle déçue par l'abandon de l'ancien modèle et qu'il espérait reconquérir. L'arbitrage est toujours délicat à réaliser. [...]
Certains arbitrages peuvent paraître irrationnels. Mais c'est seulement parce que tous les individus ne bénéficient pas nécessairement de la même information lorsqu'ils prennent leurs décisions. Les choix se font en fonction de données nécessairement « subjectives », c'est-à-dire relatives aux informations particulières, et souvent uniques, dont chacun dispose par rapport au monde qui l'entoure.
Bien souvent, rien ne permet d'arbitrer entre plusieurs choix quel est celui qui a raison, celui qui est le meilleur.

www.economie.gouv.fr

1. Nommez l'agent économique pris en exemple.
2. Expliquez à quel choix cet agent économique est confronté.
3. Indiquez ce qui va déterminer le choix de l'agent économique au moment où il doit arbitrer entre plusieurs possibilités.

DOCUMENT 10 Quels choix de consommation effectuer ?

Je consomme donc je suis... Mais qui suis-je ? Bien téméraires sont ceux qui, aujourd'hui, tentent de décrypter, à travers ses comportements et aspirations, le consommateur français. « Ce n'est pas simple parce qu'il faut se méfier des visions généralistes et tenir compte, au contraire, de la grande hétérogénéité des habitudes », annonce Philippe Moati, professeur d'économie à l'université de Paris [...]. Des habitudes qui sont, en prime, particulièrement percutées ces dernières années par la succession des crises financière, sociale, sanitaire, géopolitique...
« Ces crises viennent casser nos routines, nous faire revoir nos habitudes. On l'a vu lors de l'épidémie de covid. Beaucoup se sont remis en cause, en mettant en avant des notions de solidarité, de citoyenneté, en privilégiant le commerce de proximité, en allant vers plus de sobriété, du consommer moins mais mieux... »
Le tout en chérissant le souci d'achats éco-compatibles, car l'environnement à protéger reste une préoccupation bien ancrée chez de nombreux consommateurs. Toute la métaphore de l'effet Colibri, chacun doit verser sa goutte d'eau pour éviter la catastrophe écologique.
Mais voilà, entre son désir et la réalité des chaos du monde, il y a le prix... La campagne électorale l'a démontré, le pouvoir d'achat est au centre du budget des foyers.

Valérie Parlan, www.ouest-france.fr, 25 mai 2022.

VIDÉO
Face à l'inflation, les Français achètent moins de vêtements
www.lienmini.fr/10749moins
1:32

1. Nommez l'agent économique pris en exemple.
2. Indiquez les différents éléments qui peuvent intervenir dans le choix de consommation de cet agent économique.
3. Déduisez-en que l'agent économique est dans l'obligation d'arbitrer face à ses besoins illimités.

Préparer sa synthèse

1. Expliquez à quoi correspond une contrainte économique.
2. Donnez une définition de la notion d'arbitrage et expliquez comment un agent économique fait pour arbitrer au mieux.

Activités

1 Se tester

Répondez par vrai ou faux aux affirmations suivantes puis justifiez vos réponses.

1. **La fonction principale des ménages est de produire les biens et les services nécessaires à leur survie.**

2. **Les banques ne font pas partie des agents économiques.**

3. **Des parents louent un studio à leur fille étudiante en économie-gestion. Ils constituent deux ménages.**

4. **On distingue quatre types d'agents économiques.**

5. **La justice est un service marchand.**

6. **Les besoins des individus sont limités.**

7. **Un bien libre est un synonyme de bien économique.**

8. **Les ressources sont illimitées.**

9. **Une entreprise n'est pas concernée par les arbitrages.**

10. **Le revenu est la seule contrainte des agents économiques pour réaliser des arbitrages.**

QCM INTERACTIF

Testez-vous !
www.lienmini.fr/10749exo1

2 S'entraîner à l'oral

Constituez des groupes de 2 à 4 élèves. Chaque groupe prendra la parole sur la question des ressources en traitant l'un des sujets suivants :

- l'eau ;
- les forêts ;
- l'air ;
- les terres arables ;
- les énergies fossiles.

En vous aidant d'Internet, faites une synthèse de l'évolution de ces ressources en qualité et/ou en quantité depuis 1945. Vous pouvez utiliser des graphiques ou des images pour illustrer vos propos.
Déduisez-en qu'il s'agit d'un problème économique en confrontant vos recherches aux données sur l'évolution de la population mondiale.
Utilisez un diaporama pour présenter votre travail à vos camarades.

3 Construire sa carte mentale

Construisez une carte mentale sur les agents économiques et leurs besoins en utilisant les mots clés suivants :
agent économique - bien - service - ménage - administration publique - entreprise - institution financière (ou banque) - institution sans but lucratif au service des ménages (ISBLM) - reste du monde - contrainte économique - choix économique - besoins – ressources.

Pour vous aider, vous pouvez construire votre carte mentale autour de deux grands axes :

- la présentation des agents économiques et leurs fonctions économiques ;
- l'obligation des agents économiques d'arbitrer (pourquoi ? comment ?).

4 Lire et analyser un texte

→ Voir FICHE MÉTHODE 1

La tragédie de la forêt amazonienne

L'avenir de l'Amazonie brésilienne, déjà amputée de près d'un cinquième de sa surface depuis les années 1970, dépend de l'action du gouvernement. Une volonté politique forte est nécessaire pour réguler ce vaste espace, afin d'éviter que la forêt amazonienne n'atteigne un point de non-retour et cesse de jouer le rôle de puits de carbone planétaire. [...]

Le 10 août 2019, la fumée atteint les rues de São Paulo. À 2 500 kilomètres, des flammes ravagent la forêt amazonienne brésilienne. La France, comme d'autres pays, condamne alors ces feux, principalement causés par des opérations de brûlis des agriculteurs. Plusieurs ONG environnementales pointent le coupable du doigt : Jair Bolsonaro. Un an plus tôt, le populiste d'extrême-droite avait été élu président. Durant sa première année de mandat, 13 000 km^2 de forêt tropicale, soit 16 fois la surface de la ville de New York, sont détruits. À la fin de son mandat en 2022, la déforestation a augmenté de 73 % par rapport à 2018. Le président a échoué à protéger cette réserve de biodiversité, qui accueille 3 millions d'espèces vivantes et abrite 30 millions d'individus.

Vers une « tragédie des communs » ?

Le Brésil détient 63 % des 550 millions d'hectares de la forêt amazonienne. Un rapport indépendant, publié en 2022 par une coalition d'associations environnementales, estime à 26 % la surface de forêt hautement dégradée et affirme que le « point de non-retour » est atteint.

Les agriculteurs et les éleveurs sont les principaux responsables de la déforestation au Brésil, avec les industries minière et pétrolière. Le défrichement a lieu aussi bien dans des zones non protégées que dans les aires censées être régulées par l'État.

« Nous vivons une "tragédie des communs" au Brésil », déclarait en 2020 Tasso Azevedo, fondateur du réseau MapBiomas, qui produit des cartes du territoire brésilien. Souvent utilisée pour qualifier le destin de la forêt amazonienne, la « tragédie des communs » est une expression tirée de l'ouvrage éponyme du biologiste Garrett J. Hardin (1968).

Juliette Chaignon, © Pour l'Éco / Humensis, 27 octobre 2022.

1. Énumérez les éléments qui prouvent que la situation de l'Amazonie correspond à une situation de déforestation.
2. Indiquez quelles conséquences peuvent découler de cette déforestation.
3. En vous aidant du focus, expliquez pourquoi il semble nécessaire que l'État intervienne face aux besoins illimités des individus.

FOCUS

La **tragédie des biens communs** est un concept décrivant la surexploitation collective d'une ressource commune. Elle résulte d'une compétition pour l'accès à une ressource limitée (avec conflit entre l'intérêt individuel et le bien commun) face à laquelle la stratégie économique rationnelle aboutit à un résultat perdant-perdant. Un bon exemple est la pêche : chaque bateau a intérêt à pêcher le plus de poissons possible, au risque de réduire la ressource (« bien rival ») à moyen terme.

L'essentiel en schéma

SKETCHNOTE
www.lienmini.fr/10749sk1

1 Qui sont les agents économiques et quels sont leurs besoins ?

Agents économiques

Ménages	**Entreprises** (sociétés non financières)	**Sociétés financières**	**Administrations publiques**	**ISBLM** (associations)	**Reste du monde**
Consommation	Production marchande	Production de services financiers	Production non marchande	Production non marchande	Échanges commerciaux

Les individus ressentent des besoins → primaires / secondaires

2 Comment satisfaire les besoins des agents économiques ?

Besoins illimités — MAIS → Ressources limitées

Partiellement satisfaits par :

↓

Biens et services → Bien libre / Bien économique

Bien économique → Production marchande / Production non marchande

3 Comment les agents économiques font-ils des choix pour répondre à leurs besoins ?

Besoins illimités → Arbitrage

Ressources limitées → Arbitrage

Contraintes :
- de revenu
- de temps
- d'information

→ Arbitrage

Arbitrage
= choix effectué par l'agent économique

MOTS CLÉS

VOIR LEXIQUE P. 138

- Agent économique
- Ménage
- Entreprise
- Société financière
- Administration publique
- ISBLM
- Reste du monde
- Bien libre
- Bien économique
- Service
- Production marchande
- Production non marchande
- Choix économique
- Contrainte économique

CHAPITRE 2

Les décisions du consommateur et du producteur

THÈME 1
Quelles sont les grandes questions économiques et leurs enjeux actuels ?

1. Les agents économiques et les différents types de biens et services
2. **Les décisions du consommateur et du producteur**
3. Les échanges économiques

Notions abordées

- Les préférences et les choix économiques
- Les coûts d'opportunité
- Les préférences individuelles
- La rationalité et l'utilité individuelles
- La maximisation et le raisonnement « à la marge »
- La rareté, la valeur, l'utilité marginale
- La production, les ressources et les facteurs de production
- Égalisation entre coût marginal et recette marginale

Pour être capable

- De décrire les choix économiques à l'aide des concepts et principes fondamentaux du raisonnement économique.
- D'analyser ce que l'on entend par rationalité individuelle.
- D'expliciter la notion d'utilité marginale.

1. Décrivez la photographie en précisant de quel agent économique il s'agit.
2. Expliquez pourquoi cet agent économique choisit finalement d'aller à un concert plutôt qu'au théâtre alors que le prix des places est le même.

LANCER LA SÉANCE

VIDÉO EN QUESTIONS

Le jean *made in France*
www.lienmini.fr/10749jean

1. Décrivez l'activité de cette entreprise.
2. Expliquez pourquoi cette entreprise a fait le choix de produire en France plutôt qu'à l'étranger alors que les coûts y sont plus élevés.

1 Comment expliquer les choix du consommateur à partir des concepts économiques ?

A Pourquoi le consommateur prend-il des décisions ?

DOCUMENT 1 La rationalité : un moyen de satisfaire nos besoins malgré les contraintes

Dans tous les domaines de la vie d'un homme, ce dernier agit de manière rationnelle lorsqu'il est question de prendre des décisions. Par exemple, lors d'une décision d'investissement, un investisseur fait ses choix en fonction de l'utilité qui en découle. On regarde en fait le bénéfice qu'il est possible d'obtenir à partir de chaque décision. C'est ce niveau d'utilité, qui correspond donc à un niveau de satisfaction ou de bénéfice, qui nous amène à y associer un niveau de risque acceptable.

Une rationalité totale des décisions voudrait que les acteurs aient un parfait accès à l'information afin de pouvoir prendre la décision la plus rationnelle, ce qui n'est actuellement pas possible.

Gary Becker est un théoricien de la rationalité. Il explique que la rationalité n'est pas identique pour tous les acteurs économiques, qu'elle dépend des préférences de chacun, du revenu, et qu'elle est dépendante de la notion de temps. Une décision est parfois différente si deux personnes ont le même choix à faire mais avec un temps différent pour prendre la décision. De plus, si ces deux personnes n'ont pas les mêmes informations clés pour prendre la décision, il est normal qu'elles fassent des choix différents.

www.andlil.com

1. Face à une décision à prendre, expliquez comment un individu va effectuer son choix.
2. Déduisez-en une définition de la rationalité.
3. Expliquez pourquoi la rationalité est différente selon les individus.

DOCUMENT 2 La rareté et le choix

La rareté est le fait le plus important de l'existence humaine. Sans la rareté du temps, la rareté des ressources, la rareté de biens consommables, les hommes ne manqueraient de rien. Mais, aussi triste que cela soit, la rareté existe. Il y a trop peu de temps et trop de choses pour satisfaire tous nos désirs. [...]

La rareté a pour conséquence que nous disposons de ressources (et de temps) en quantités limitées et que nous ne pouvons, par conséquent, produire tous les biens et services que nous souhaiterions avoir. De la même manière qu'un ménage ne peut donner à chacun de ses membres ce qu'il désire, une économie ne peut donner à chaque individu le niveau de vie élevé auquel il aspire.

Les économistes, par conséquent, étudient la manière dont les gens prennent des décisions : combien de temps ils vont travailler, ce qu'ils vont acheter, combien ils vont épargner, et comment ils vont placer leur épargne.

D'après Gregory Mankiw, *Principles of Economic* et Peter Antonioni, *Economics for Dummies.*

1. Citez les différentes formes de rareté et désignez la forme de rareté qui est associée à la photographie.
2. À l'aide du texte, formulez une définition de la rareté.
3. Déduisez-en les raisons qui poussent les hommes à décider.

DOCUMENT 3 Le coût d'opportunité

Christophe, un étudiant à l'université d'Aix-Marseille, a prévu de travailler pendant les vacances d'été mais ses amis lui proposent de faire un stage de voile en Bretagne. Pour pouvoir les rejoindre, il doit arrêter son travail d'été avant la date prévue et renoncer à deux semaines de salaire, soit 600 euros qu'il ne pourra pas toucher. Par personne, le coût du séjour est de 200 euros pour le transport, 300 euros pour le stage et 400 euros pour le logement dans un camping.

DÉFINITION

Lorsqu'un individu effectue un choix, il renonce à des biens ou des services qui lui auraient procuré satisfaction. Ce choix présente un **coût d'opportunité** égal à la valeur des satisfactions auxquelles il renonce.

1. Expliquez devant quel choix se trouve Christophe.
2. Évaluez le coût du séjour pour Christophe.
3. À l'aide de la définition du coût d'opportunité, évaluez le coût d'opportunité du séjour de Christophe.

DOCUMENT 4 La notion d'arbitrage : quel choix pour Anaïs ?

Anaïs, qui aime les jeux vidéo, a une contrainte temporelle : elle ne dispose que de 24 heures par jour pour ses activités. Plus elle passera du temps à jouer, moins elle en aura pour ses autres occupations. Anaïs doit donc arbitrer entre le temps consacré aux jeux vidéo et celui consacré à ses autres activités.

1. Citez des exemples d'activités qu'Anaïs pourrait choisir à la place des jeux vidéo.
2. Expliquez ce que signifie le terme « arbitrer ».

DOCUMENT 5 Le *Made in France* : le nouveau critère d'achat privilégié des Français

Malgré quelques réserves persistantes sur le prix, les consommateurs français semblent revoir leurs priorités en matière de mode, et se tourner progressivement vers un dressing *Made in France*. Une nouvelle étude révèle que cette simple mention, apposée sur un article de mode, représente aujourd'hui un gage de qualité pour une écrasante majorité de Français, conscients des avantages et des enjeux induits par du prêt-à-porter fabriqué dans l'Hexagone. [...]
Près des trois quarts des personnes interrogées (74 %) expriment une confiance sans faille pour le *Made in France* qu'ils voient comme un gage d'éthique et d'éco-responsabilité. Le chiffre grimpe à 82 % pour la part des Français qui considèrent que les collections et les marques *Made in France* sont par extension synonymes de qualité.

DR, 15 mars 2022.

DÉFINITION

Les économistes supposent qu'un consommateur peut classer les différentes possibilités de consommation qui s'offrent à lui. La façon dont le consommateur classe ces différentes possibilités décrit ses **préférences**.
Ainsi, s'il choisit une possibilité parmi plusieurs possibilités, cela implique que la possibilité de consommation choisie est strictement préférée à toutes les autres.

1. Justifiez la préférence des Français pour les produits *Made in France*.
2. En reprenant la définition du coût d'opportunité, expliquez à quoi le consommateur renonce quand il choisit de consommer *Made in France*.

B Comment le consommateur effectue-t-il ses choix ?

DOCUMENT 6 Quelle est la valeur d'un bien pour le consommateur ?

Le prix désigne la valeur d'un bien ou d'un service. Le prix est exprimé généralement en unité monétaire, comme l'euro ou le dollar. Autrement dit, le prix est la valeur qu'un individu est disposé à débourser en contrepartie de la cession d'un bien ou d'un service. Par exemple, une baguette vaut 1,20 euro dans une boulangerie, c'est son prix.
Comment est fixé un prix ? Telle est la vraie question. En théorie, le prix est le reflet de l'équilibre entre l'offre et la demande. Lorsque l'offre est importante, le prix est très souvent plus faible et inversement. Par exemple, une personne égarée dans un désert, qui a très soif, pourrait payer très cher une bouteille d'eau vendue par une caravane tandis qu'en ville, là où l'offre d'eau est omniprésente et souvent gratuite, cette même personne refuserait de payer plus de quelques dizaines de centimes. La fixation d'un prix est donc liée à la rareté, à la disponibilité du bien ou du service et à la demande. Plus un bien est rare, plus son prix est élevé, et inversement.

www.journaldunet.fr

DÉFINITION

Utilité : satisfaction qu'un individu retire de la consommation d'un bien ou d'un service.

1. Identifiez ce qui donne de la valeur à un produit.
2. Donnez une définition de la valeur.
3. En vous aidant du focus historique, analysez le lien entre utilité et valeur.

FOCUS HISTORIQUE

Adam Smith, *Recherches sur la nature et les causes de la richesse des nations* (1776) : « Il n'y a rien de plus utile que l'eau, mais elle ne peut presque rien acheter ; à peine y a-t-il moyen de rien avoir en échange. Un diamant, au contraire, n'a presque aucune valeur quant à l'usage, mais on trouvera fréquemment à l'échanger contre une très grande quantité d'autres marchandises. »
Comme l'explique Adam Smith, l'eau a une très forte valeur d'usage (elle est très utile), pourtant elle ne vaut rien. Le diamant, pourtant inutile, a une très forte valeur d'échange (il vaut cher).

DOCUMENT 7 Les choix du consommateur sont limités

Les systèmes d'économie de marché laissent aux individus et aux entreprises le soin de définir ce qu'ils veulent consommer et en quelle quantité. Comment prend-on ces décisions ? Dans le cas d'une personne ou d'une entreprise rationnelle, la première étape de l'analyse économique de tout choix consiste à identifier ce qui est possible, ce que les économistes appellent le domaine des choix possibles ou tout simplement le panier des options accessibles. Autrement dit, si l'on veut préparer un sandwich et si l'on ne dispose que de poulet et de thon dans son réfrigérateur, le domaine des choix possibles comprend un sandwich au poulet, un sandwich au thon ou pas de sandwich du tout. Un sandwich au jambon est en dehors du domaine accessible.
Dans la plupart des situations économiques, les contraintes réellement pertinentes limitant les choix d'un individu ne sont pas la façon de garnir un sandwich, mais le temps et l'argent. Les contraintes liées à l'argent sont appelées contrainte budgétaire ; celles liées au temps sont des contraintes temporelles. Un milliardaire peut estimer que ses choix sont limités non par l'argent mais par le temps. Dans le cas d'un chômeur, en revanche, ses choix seront limités par le manque d'argent et non par le temps.

Joseph Stiglitz, Jean-Dominique Lafay, Carl Walsh, *Principes d'économie moderne*, De Boeck, 2014.

1. Après avoir cité les deux types de contraintes, expliquez pourquoi les choix des consommateurs sont limités.
2. Complétez votre réponse en expliquant pourquoi la notion de rareté est « relative », c'est-à-dire qu'elle dépend de chaque individu.

DOCUMENT 8 Salariés, ils ont choisi de travailler moins pour « profiter de la vie »

Ils ont choisi de travailler moins... quitte à gagner moins. Pour s'occuper de leurs enfants, planter des fleurs, s'investir dans une association ou [...] profiter de la vie.
Xavier, 41 ans : « Au départ, c'était un concours de circonstances. Il y a deux ans, j'ai quitté un CDI à temps complet pour un nouveau travail, toujours dans l'informatique, où les salariés sont aux quatre cinquièmes. On pouvait choisir quelle journée on ne voulait pas travailler.
Je perdais environ 5 000 euros par an de salaire, sans compter l'essence – au lieu de me rendre au boulot en RER, j'utilisais ma voiture. [...] Financièrement, je gagne un peu moins qu'avant mais ce n'est pas grave. [...] Pendant ma journée de libre, je fais du jardinage, du bricolage, je m'occupe de mon association... J'ai le temps de penser à ce que j'ai à faire, [...] je peux m'occuper un peu de moi et profiter de la vie. »

Émilie Brouze, www.nouvelobs.com/rue89

DÉFINITION

Utilité marginale d'un bien : utilité ou satisfaction supplémentaire qu'un individu retire de la consommation d'une quantité additionnelle du même bien. Par exemple, lorsque je mange une pomme, j'en retire une satisfaction qui correspond à l'utilité de la pomme. Si cette première pomme ne me rassasie pas, l'utilité marginale sera la satisfaction que je vais retirer de la deuxième pomme que je vais manger. On considère que l'intensité du besoin que le consommateur cherche à satisfaire décroît au fur et à mesure que la quantité consommée augmente. Autrement dit, la satisfaction éprouvée lors de la consommation de la deuxième pomme sera inférieure à celle de la première, et ainsi de suite. Mais l'utilité totale ne diminue pas pour autant.

1. Analysez l'utilité du temps partiel pour les salariés qui choisissent de travailler moins.
2. Précisez les conséquences de ce choix sur le budget de ces salariés.
3. Montrez de quelle façon ces salariés maximisent leur satisfaction.

DOCUMENT 9 Savoir calculer l'utilité marginale

Situation : Vous êtes en vacances à Rome avec vos parents en plein été, avec des températures avoisinant les 35 °C. Près du Colisée, un marchand vend des glaces. Vous décidez d'en consommer pour vous rafraîchir. Mais quelle utilité allez-vous retirer de chaque glace consommée au fur et à mesure du temps ?

Nombre de glaces consommées	1	2	3	4
Utilité totale	10	18	24	27
Utilité marginale				

© Delagrave, 2023.

1. En vous aidant de la définition, calculez l'utilité marginale, c'est-à-dire l'utilité supplémentaire apportée par la dernière glace consommée.
2. Indiquez comment évolue l'utilité marginale en fonction de la quantité consommée.

Préparer sa synthèse

1. Rappelez les définitions de rareté, d'arbitrage, de coût d'opportunité et de préférence.
2. Analysez le processus d'une prise de décision pour un consommateur en utilisant les mots clés suivants : rationalité, préférence et maximisation.

2 Comment expliquer les choix du producteur à partir des concepts économiques ?

A De quoi dépend la décision de production ?

DOCUMENT 10 Qu'est-ce que la production ?

Longtemps considérée comme la seule fonction à laquelle l'entreprise était assimilée, la fonction de production de l'entreprise est un de ses organes essentiels. Jouant un rôle très important dans la compétitivité d'une entreprise, elle a dû apprendre à évoluer pour répondre aux besoins des clients.

La fonction de production englobe l'ensemble des activités qui transforment des matières premières et composants en produits vendus aux clients. Suivant la nature de la production, on distingue plusieurs types de production :
– production en continu : les produits sont transformés par des opérations successives non découpables (comme dans la chimie) ;
– production en discontinu : les opérations successives peuvent être interrompues (comme dans la fabrication des voitures ou des ordinateurs) ;
– production par projet : les opérations sont réalisées pour la production d'un seul bien ou service (fusée, film...).

www.economie.gouv.fr

1. Définissez la fonction de production.
2. Citez les différents types de production.
3. Expliquez l'objectif de la fonction de production et mettez-le en perspective par rapport à la finalité des entreprises.

DOCUMENT 11 Comment les robots « envahissent » les usines Michelin

Dans les allées de l'usine Michelin à Cunéo (Italie), il n'est pas rare de croiser la route d'un robot. Les industriels français accélèrent sur la robotisation de leurs usines alors qu'au niveau mondial, le récent rapport World Robotics montre un record absolu d'installations robotiques. Côté salariés, ces collègues 4.0 ne sont pas forcément vus comme une menace. Mais ils transforment profondément la production industrielle. [...] La robotique prend le relais des opérateurs. Même si le président de Michelin assure que « jamais un outil digital ne remplacera un humain », Florent Menegaux reconnaît que l'entreprise « vit des mutations profondes. La technologie et le numérique vont nous aider à les traverser ».

En 2017, Bibendum accueillait dans ses rangs 46 robots, contre 163 nouveaux robots en 2021. L'investissement dans ces équipements a été multiplié par 13, passant de 2 millions d'euros en 2014 à 26 millions en 2022.

Rentable, selon le directeur industriel : « Le déploiement de la robotique dans les usines fait gagner entre 80 et 100 millions d'euros par an ».

Marion Dubois, www.ouest-france.fr, 26 octobre 2022.

1. À l'aide de la définition, résumez la situation exposée dans le document 11 en vous aidant des expressions suivantes : « facteurs de production », « facteur travail », « facteur capital ».
2. Justifiez l'utilisation de plus en plus récurrente des robots sur les lignes de production.
3. Nuancez votre propos en mettant en avant la limite à n'utiliser que des robots.

VIDÉO
Les facteurs de production
www.lienmini.fr/10749facteurs
Jusqu'à 1:17

DÉFINITION
Pour produire, les entreprises et les administrations utilisent des **facteurs de production** qui désignent les différents éléments mis en œuvre dans le cadre du processus de production. On distingue généralement deux facteurs de production :
- le **travail** est une activité humaine dont le but est de contribuer à la production de biens et services ;
- le **capital** est l'ensemble des moyens techniques qui, combinés au travail, permettent de produire des biens et des services.

DOCUMENT 12 Le choix de la transition énergétique

Chaque année, l'entreprise Novacarb commercialise environ 400 000 tonnes de carbonate de sodium et 150 tonnes de bicarbonate de sodium qui sont utilisées aussi bien dans l'industrie pharmaceutique, la fabrication du verre, la composition de produits alimentaires, de détergents ou pour la nutrition animale. En termes d'émissions, cela a représenté jusqu'à 600 000 tonnes de CO_2 par an, lorsque le charbon était la source exclusive pour produire la vapeur nécessaire à l'activité de l'usine. Le charbon alimente aujourd'hui cinq chaudières et représente donc 70 % du mix énergétique de l'entreprise. Ce qui en fait l'une des industries les plus polluantes en France. [...]
« D'ici 2024, tout ça aura disparu », projette Frédéric Louis, le directeur, en montrant la masse noire. L'entreprise s'est engagée dans une démarche de transition énergétique. [...] L'objectif est chiffré : diviser par deux les émissions de gaz à effet de serre par rapport à 2015 et tourner définitivement la page du charbon. « La pérennité du site est en jeu », insiste le directeur. Derrière ce constat, plusieurs explications. L'approvisionnement d'abord, qui est de plus en plus complexe : « Historiquement, la Lorraine était connue pour ses houillères. Aujourd'hui que les mines ont fermé, nous importons le combustible d'Afrique du Sud, de Colombie et... de Russie. Ce qui est compliqué ces temps-ci. »
À l'aspect pratique, s'ajoutent les arguments politiques et économiques : « La volonté de la France est clairement d'en finir avec le charbon », ajoute Frédéric Louis. [...] En mars 2022, la tonne valait 80 euros environ, mais ce prix pourrait grimper à l'avenir pour encourager les entreprises à effectuer la transition énergétique.

Audrey Fisné-Koch, www.pourleco.com, 9 juin 2022.

1. Énoncez le choix qu'a fait l'entreprise Novacarb concernant son mode de production.
2. Expliquez les différentes raisons de ce choix.
3. Concluez votre réflexion en expliquant que ce choix est rationnel.

B Quelle quantité optimale produire ?

DOCUMENT 13 Quels sont les objectifs de l'entreprise ?

Toutes les entreprises, peu importe leur taille, sont des organisations. Il existe de nombreuses définitions des organisations, mais on retiendra la suivante : « une organisation est la coordination rationnelle d'un certain nombre de personnes et de moyens en vue d'atteindre les objectifs qu'elle s'est fixés ».
Pour les économistes, l'entreprise a longtemps été assimilée à une sorte de boîte noire. Dans cette boîte noire rentrent des facteurs de production (du personnel, des matières premières, des machines) qui ressortent sous la forme de produits ou services.
Selon les économistes, l'objectif de l'entreprise se limitait alors essentiellement à la maximisation du profit. Rappelons que le profit est la différence entre les recettes et les coûts de l'entreprise.
À l'aide de calculs mathématiques, les économistes pouvaient alors prédire la quantité à produire pour que le profit soit le plus élevé possible.
Ce point de vue est partagé par les actionnaires. En effet, plus les profits de l'entreprise sont élevés, plus les dividendes (à savoir ce que l'entreprise va verser comme prime aux actionnaires) le sont aussi. Les actionnaires ont donc intérêt à ce que l'entreprise réalise un profit important, afin de recevoir un plus gros dividende.

www.economie.gouv.fr

1. Indiquez l'objectif principal de l'entreprise selon les économistes.
2. Rappelez la notion de maximisation vue dans la première partie du chapitre.
3. Imaginez de quelle façon l'entreprise maximise ses profits.

DOCUMENT 14 Combien produire pour réaliser le maximum de profit ?

La motivation première de l'entreprise capitaliste demeure la recherche du profit et cette capacité dépend de sa performance intrinsèque, de sa stratégie et de ses choix, mais aussi du marché sur lequel elle intervient. La quantité optimale à vendre pour le producteur rationnel est celle qui permet de réaliser le profit maximum. Le profit total est égal à la différence entre la recette totale et le coût total [...].

Le profit marginal est le profit supplémentaire engendré par la production d'une unité supplémentaire, il est égal à la différence entre la recette marginale (le prix de vente) et le coût marginal. Pour maximiser son profit, l'entreprise doit produire une quantité telle que sa recette marginale soit égale à son coût marginal, autrement dit elle a intérêt à augmenter sa production tant que le coût marginal est inférieur à la recette marginale (profit marginal positif). Au-delà, le profit marginal devient négatif et l'entreprise, motivée par la maximisation du profit, n'a pas intérêt à accroître davantage sa production.

Laurent Braquet, David Mourey, *Comprendre les fondamentaux de l'économie*, De Boeck Supérieur, 2015.

VIDÉO
Le coût marginal et le coût moyen
www.lienmini.fr/10749marginal
1:40

1. En vous aidant de la définition et en vous appuyant sur le document 14, expliquez la différence entre coût marginal et coût moyen.
2. Expliquez comment le producteur décide de la quantité optimale à produire.

DÉFINITIONS

Coût marginal : coût supplémentaire généré par le dernier bien ou le dernier service produit. Il joue un rôle fondamental dans l'analyse des décisions de production et permet ainsi à un dirigeant d'entreprise de s'interroger à chaque instant sur l'opportunité d'augmenter sa production ou au contraire de la diminuer. Le coût marginal est le concept à utiliser en complément du coût moyen ou du coût total d'une production.

Recette marginale : recette (chiffre d'affaires) issue de la vente d'une unité supplémentaire ou d'une série d'unités supplémentaires.

DOCUMENT 15 Choisir la quantité à produire

Situation : Diane et David, deux artisans boulangers, produisent du pain au levain bio. Le prix de marché pour 10 kilos de ce pain est de 18 euros. Comme tous les producteurs, ils souhaitent maximiser leur profit.

MÉMO CALCUL

Coût marginal = coût total - coût total de l'unité précédente

Profit = recette totale - coût total

Quantité de pain	Recette totale	Recette marginale	Coût total	Coût marginal	Profit
10 kg	18	18	30	16	- 12
20 kg	36	18	36	6	0
30 kg	54	18	44		
40 kg	72	18	56		
50 kg	90	18	72		
60 kg	108	18	92		
70 kg	126	18	116		

1. Recopiez puis complétez le tableau en calculant le coût marginal et le profit.
2. Retrouvez par le calcul le résultat de la recette marginale en vous aidant de la définition donnée dans le document 14.
3. Interprétez le coût marginal calculé pour 30 kg de pain produit.
4. Identifiez le niveau de production optimal pour Diane et David (celui qui leur permet de maximiser leur profit).

Préparer sa synthèse

1. Rappelez ce qu'est un choix de production.
2. Distinguez le facteur capital et le facteur travail.
3. Expliquez comment le producteur maximise son profit.

Activités

1 Se tester

QCM INTERACTIF
Testez-vous !
www.lienmini.fr/10749exo2

Répondez par vrai ou faux aux affirmations suivantes puis justifiez vos réponses.

1. **La notion de rareté ne concerne que les ressources.**
2. **Arbitrer signifie ne pas faire de choix.**
3. **Le coût d'opportunité correspond au gain auquel on renonce en faisant un choix.**
4. **Les économistes pensent tous que l'être humain est complétement rationnel.**
5. **Coût marginal et coût moyen sont des expressions synonymes.**
6. **Un producteur recherche la maximisation de son profit.**
7. **Un consommateur recherche la maximisation des coûts.**
8. **L'utilité marginale mesure la variation d'utilité résultant de la consommation d'une unité supplémentaire d'un bien.**
9. **Les notions d'utilité et de valeur n'ont pas de lien.**
10. **Un individu n'a que des contraintes budgétaires.**

2 Analyser des textes économiques

Travailler moins pour vivre mieux

On manque de bras dans la restauration, les stations de ski ne trouvent pas de saisonniers et les panneaux « on recrute » s'affichent sur les devantures de magasins. Et si c'était le signe que le rapport des jeunes au travail a changé ? C'est en tout cas ce que montre l'expérience du Collectif Travailler Moins (CTM), à Nantes. Depuis quatre ans, ses membres organisent des apéros « détravail ». Ils sont au moins une dizaine à se réunir autour de quelques bières pour tenter de répondre à cette question : « Comment et pourquoi moins travailler ? » [...]
« Détravailler », ça ne veut pas dire ne pas travailler mais réfléchir à la place du travail dans sa vie, comme le fait Miriam. Cette jeune femme de 29 ans a des exigences bien précises au sujet de son rythme de vie : « Là, par exemple, j'ai une offre d'emploi. En plus, on est venu me chercher, on était intéressé par mon profil, donc ça fait plaisir. Je me suis permise d'expliquer que j'avais plutôt envie de tendre vers un 80 % et ils m'ont dit "ça ne sera pas possible". J'ai réfléchi et j'ai dit "moi, tout me plaît mais c'est 80 % ou rien" ». Une offre d'emploi que Miriam a donc refusée alors que le poste lui correspondait.
Comment expliquer que ces jeunes refusent ce que tant d'autres peinent à obtenir ? « Travailler moins, c'est vivre mieux », affirment tous les jeunes convaincus par le « détravail » que nous avons interrogés. Romane, 24 ans, vient d'ouvrir son cabinet de podologue à Ploemeur (Morbihan), en Bretagne. Elle a décidé qu'elle commencerait tard le matin et se donne des après-midi libres dans la semaine « pour garder une qualité de vie personnelle ». « C'est-à-dire pouvoir faire du sport, pouvoir me préparer à manger tranquillement le soir sans être en speed, pouvoir me libérer du temps pour mes amis, pour ma famille. Ne pas culpabiliser de me dire "mince, j'aurais peut-être dû accepter plus de patients". »

Margaux Queffelec, www.francetvinfo.fr, 7 janvier 2022.

Choisir conduit à renoncer

La rareté occupe une place centrale dans la science économique. Il faut donc faire des choix. Pour chaque chose ou presque, il apparaît inévitable de devoir sélectionner une option au détriment des autres. Si on achète un CD à 10 euros, on choisit aussi de ne pas consacrer ces 10 euros à autre chose. Ce à quoi on renonce afin de réaliser telle ou telle chose correspond au coût d'opportunité de cette activité – autrement dit à ce qu'il en coûte de l'avoir choisie, en mesurant ce coût par la valeur de la meilleure option abandonnée. C'est ce qu'on aurait pu faire avec l'argent ou le temps dont on dispose, si on n'avait pas opéré ce choix-là. Privilégier telle ou telle chose conduit à en délaisser une autre. Travail et loisirs en offrent d'ailleurs un excellent exemple. Plus on travaille, et moins il reste de temps libre. En d'autres termes, le coût d'opportunité du travail est égal au temps de loisir qu'on lui sacrifie.

John Sloman, Alison Wride, Dean Garratt, *Principes d'économie*, Pearson, 2015.

1. Analysez l'utilité du « détravail » pour les salariés qui choisissent de travailler moins.
2. Précisez les conséquences de ce choix sur le budget de ces salariés.
3. En vous appuyant sur les phrases soulignées dans le second texte, expliquez en quoi cette situation de « détravail » constitue une illustration de ce qu'est le coût d'opportunité pour un agent économique.

3 Calculer des coûts et des recettes

Comment l'entreprise maximise-t-elle son profit ?

Le prix de marché d'un plateau [de tomates] est de 30 euros. Pour chaque unité produite, le producteur connaît la valeur de son **coût moyen**. S'il produit 25 unités, elles lui coûteront en moyenne 14,50 euros par unité à produire, le **coût total** pour 25 unités est donc égal à 362,50 euros [...]. Pour une production de 25 unités, la **recette totale** est égale à 750 euros. Le producteur dégage ainsi un profit égal à 387,50 euros. [...]

Pour qu'un producteur ne produise pas à perte, il faut que le prix de vente soit supérieur au coût moyen de production. Si le prix de marché se fixe en dessous du minimum du coût moyen, il n'est pas rentable de produire : la production lui coûte plus qu'elle ne lui rapporte quel que soit le volume de production. [...] Il existe une façon simple de déterminer la quantité optimale de production. [...] Produire 25 unités n'est pas rationnel compte tenu de la structure de ses coûts de production. La production d'une unité supplémentaire lui rapporterait 30 euros alors qu'elle ne lui coûterait que 17 euros à produire (coût marginal de la 26e unité), donc il est rentable de la réaliser. Tant que le coût de production d'une unité supplémentaire (**coût marginal**) est inférieur à la recette marginale (ici prix de vente), il est rationnel pour le producteur de produire une unité supplémentaire [...].

Emmanuel Buisson-Fenet, Marion Navarro, *La Microéconomie en pratique*, Armand Colin, 2018.

1. À partir des exemples donnés dans le texte, rappelez à quoi correspondent les notions de coût total, coût moyen, coût marginal et recette totale.
2. Expliquez jusqu'à quel moment un producteur ne produit pas à perte.
3. En vous appuyant sur l'application, complétez le tableau ci-dessous.
4. Observez les résultats puis indiquez combien de litres de glace l'entreprise doit produire pour maximiser son profit. Justifiez votre réponse.

Application : Un pâtissier se lance dans la confection de glaces artisanales. Il estime que ses coûts fixes sont de 30 euros par jour. D'autres coûts (comme la quantité de lait, d'œufs, de sucre...) varient en fonction de la quantité de litres de glace produite. Le litre de glace est vendu 15 euros.

Quantité (litres de glace)	1	2	3	4	5	6	7	8	9	10
Coût variable	3	8	15	24	35	48	63	80	99	120
Coût total										
Coût moyen										
Coût marginal										
Recette totale										
Recette marginale										
Profit										
Profit marginal										

L'essentiel en schéma

SKETCHNOTE
www.lienmini.fr/10749sk2

1 Comment expliquer les choix du consommateur à partir des concepts économiques ?

Objectif du consommateur → **Maximiser sa satisfaction**

Le consommateur est **rationnel** : il effectue des choix en fonction de ses **préférences** et de ses **contraintes**. Il procède à des **arbitrages** en fonction :

- De l'utilité marginale du bien consommé
  - → Raisonnement à la marge
- De son budget
- Du prix du produit consommé

2 Comment expliquer les choix du producteur à partir des concepts économiques ?

Objectif du producteur → **Maximiser son profit**

Le producteur effectue des **choix de production** :

- Comment produire ?
  - → Avec quels facteurs de production ?
    - Facteur travail
    - Facteur capital
- Que produire et en quelle quantité ?
  - En fonction de :
    - La rareté des ressources
    - Du coût des ressources
    - Du prix des biens vendus

MOTS CLÉS

VOIR LEXIQUE P. 138

- Maximisation
- Rationalité
- Préférences
- Arbitrage
- Utilité marginale
- Raisonnement à la marge
- Rareté
- Coût d'opportunité
- Recette marginale
- Coût marginal

CHAPITRE 3

Les échanges économiques

THÈME 1
Quelles sont les grandes questions économiques et leurs enjeux actuels ?

Notions abordées

- La spécialisation des producteurs et des pays, les échanges
- Les différentes fonctions de la monnaie
- Le circuit économique élémentaire

Pour être capable

- De définir les différentes fonctions de la monnaie.

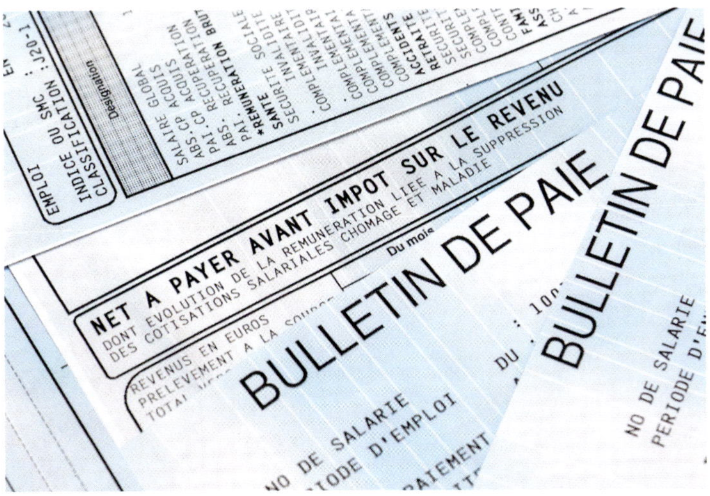

1. Décrivez les situations présentées dans les deux photographies.
2. Citez les agents économiques présents dans chaque situation.
3. Présentez l'objet de l'échange dans chaque situation.

LANCER LA SÉANCE

VIDÉO EN QUESTIONS

Pourquoi a-t-on inventé l'argent ?
www.lienmini.fr/10749argent

1:42

1. Expliquez en quoi la monnaie a simplifié les échanges entre les agents économiques.
2. Citez les différentes formes de monnaie qui sont utilisées aujourd'hui.

1 Quelles sont les origines de l'échange ?

A Pourquoi échange-t-on ?

DOCUMENT 1 Qu'est-ce qu'un échange ?

Intérêt, réciprocité, confiance : telles sont les trois dimensions de l'échange mises en évidence par les économistes, les anthropologues et les sociologues.

Les formes de l'échange

Qu'est-ce que l'échange ? Il y a échange quand X donne (A) à Y en contrepartie de (B). Cette définition générique recouvre de nombreux cas de figure. Il y a en effet échange quand, par exemple :

– la boulangère donne à Pierre un sachet de chocolats moyennant la somme d'argent équivalente au prix dudit sachet ;
– Pierre donne le sachet de chocolats à Paul moyennant un collier ;
– Pierre donne le collier à Marie dans l'espoir de recevoir un bisou.

Dans chacun des cas, il y a donc échange et pourtant, tous ces échanges ne se ressemblent pas : dans un cas, de l'argent est en jeu (cas n° 1) ; dans un autre, un bien est échangé moyennant un autre bien sans le moindre recours à l'argent (cas n° 2) ; dans le dernier, les choses se compliquent car les termes de l'échange ne sont pas fixés à l'avance (cas n° 3).

Ces cas de figure correspondent aux différentes formes que peut revêtir un échange entre des personnes.

www.scienceshumaines.com

1. À partir des exemples donnés, expliquez pour quelles raisons un individu cherche à échanger.
2. Proposez une définition de l'échange.

DOCUMENT 2 Quelles raisons poussent les hommes à se spécialiser ?

On oppose souvent l'entreprise et l'autoproducteur. Cet autoproducteur est une fiction, il n'a jamais vraiment existé, mais il permet de comprendre pourquoi l'entreprise existe.

L'autoproducteur serait une personne qui n'a besoin de personne pour vivre, car elle fait tout elle-même : elle a construit sa maison, elle cultive son potager pour se nourrir, elle fabrique ses vêtements... Or il est difficile de savoir faire tout ça, mais surtout d'avoir le temps chaque jour de faire l'ensemble de ces activités.

Plutôt que de rester des autoproducteurs isolés, les hommes ont préféré se spécialiser, c'est-à-dire ne faire qu'une seule activité.

Si quelqu'un est un bricoleur par nature, il construira plus vite les maisons. En revanche, certains sont de meilleurs jardiniers ou paysans, et auront de meilleures récoltes. Chacun se spécialisant, la production totale augmente : plus de maisons pourront être construites, plus de légumes seront cultivés, plus de vêtements seront fabriqués...

<u>Les économistes parlent donc de l'impact positif de la spécialisation sur la production.</u>

www.economie.gouv.fr

1. Énumérez les raisons qui poussent les hommes à se spécialiser.
2. Définissez la notion de spécialisation.
3. Expliquez la phrase soulignée.

B Les échanges entre pays

DOCUMENT 3 Aux origines des échanges internationaux

Le phénomène de la division du travail

Smith est le premier théoricien de la division du travail. Elle permet la croissance économique via la hausse de la productivité […]. Elle consiste en la division de la réalisation d'une tâche complexe en de multiples tâches réalisées par des travailleurs spécialisés dans une tâche simple et unique.

La division du travail provient d'une propension naturelle à échanger […]. Pour satisfaire ses besoins, chacun doit s'adresser aux autres pour obtenir d'eux ce qu'il veut. Il cherche un moyen d'être plus productif afin de maximiser son propre intérêt dans l'échange : ce moyen réside dans la division du travail […].

[Smith] identifie trois principales conséquences d'une spécialisation qui sont :
- une habileté plus grande du travailleur qui se spécialise dans l'exécution d'une tâche ;
- la disparition des temps morts entre les différentes tâches ;
- la possibilité de mécaniser certaines tâches.

Une relation de réciprocité entre division du travail et taille des marchés

Pour Smith, dans des marchés de petite taille, les individus sont peu incités à échanger et en conséquence la division du travail reste faible. À l'inverse, <u>la division du travail pousse à accroître la taille des marchés car l'augmentation de la production pousse à chercher de nouveaux acheteurs</u>.

www.lumni.fr

VIDÉO

Qu'est-ce qu'un avantage comparatif ?
www.lienmini.fr/10749avantage
3:01

FOCUS HISTORIQUE

Deux économistes anglais se sont particulièrement intéressés aux bénéfices des échanges entre les pays : **Adam Smith** (1723-1790) et **David Ricardo** (1772-1823). Ils ont notamment démontré qu'un pays devait se spécialiser dans une production en particulier et échanger avec les autres pays tout ce qu'il ne produit pas.

1. Expliquez ce que permet la division du travail.
2. Faites le lien entre la division du travail et la spécialisation.
3. Expliquez la phrase soulignée.
4. Concluez sur le fait que la division du travail est à l'origine des échanges internationaux.

DOCUMENT 4 Les relations économiques entre la France et l'Allemagne

L'Allemagne est, de loin, le premier client et fournisseur de la France. En 2021, les exportations françaises vers l'Allemagne constituent 14,2 % des exportations françaises et les importations en provenance d'Allemagne 13,6 % des importations françaises. […]

Les matériels de transport représentent 21 % des échanges franco-allemands, les produits chimiques, parfums et cosmétiques 13 %, les machines industrielles et agricoles et machines diverses 12 %, les produits métallurgiques et métalliques 10 %, les produits des industries agroalimentaires (produits transformés) 8 %, les produits informatiques, électroniques et optiques 6 %, les produits en caoutchouc et en plastique et produits minéraux divers 6 %, les produits pharmaceutiques 5 % et les équipements électriques et ménagers 5 %.

www.tresor.economie.gouv.fr, 22 avril 2022.

DOCUMENT 5 Les principaux partenaires de la France

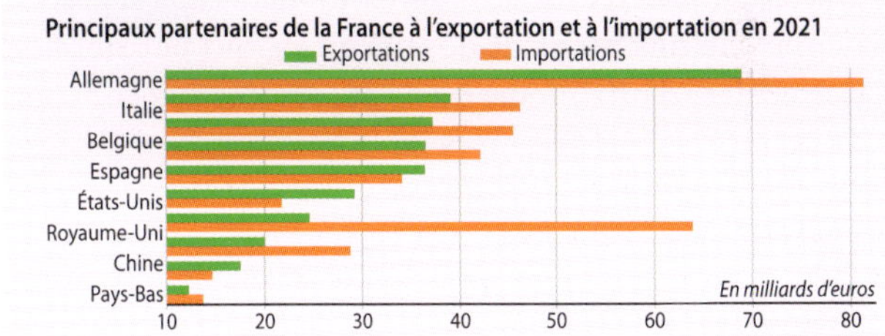

Source : Insee.

1. Citez les principaux partenaires de la France à l'exportation et à l'importation.
2. Quantifiez le niveau des échanges (en volume et en valeur) entre la France et son principal partenaire.
3. Listez la nature des biens échangés entre eux.
4. Proposez des hypothèses concernant l'existence de ces échanges commerciaux entre les deux pays.

Préparer sa synthèse

1. Analysez le rôle de la spécialisation dans l'échange.
2. Expliquez pour quelles raisons des pays échangent entre eux.

2 Comment s'effectuent les échanges économiques ?

A Le marché, lieu des échanges

DOCUMENT 6 Qu'est-ce qu'un marché en économie ?

Le marché est le lieu des échanges et la forme d'organisation de ces échanges. L'offre et la demande de biens et de services s'y rencontrent et négocient sur la base d'un système de prix.
Obtenir des biens produits par d'autres agents nécessite de passer par un marché, lieu de rencontre entre une offre (la production) et une demande (la consommation et l'investissement). Afin que la rencontre se passe bien, des règles sont nécessaires. Définies par l'État ou les participants eux-mêmes, elles constituent le cadre institutionnel dont le marché a besoin, en termes de droits (propriété, contrats…) et de libertés.

www.pourleco.com

DÉFINITION

Loi de l'offre et de la demande : si la demande pour un produit augmente, le prix de celui-ci augmentera aussi et *a contrario*, si l'offre dépasse la demande pour un produit, le prix diminuera jusqu'à ce qu'il y ait un équilibre entre la quantité produite et le prix du produit.

1 Donnez une définition du marché.
2 Expliquez pourquoi il est nécessaire que des règles soient mises en place (phrase soulignée).

DOCUMENT 7 Les trois types de marchés

L'analyse des échanges permet de distinguer trois types de marchés dans l'économie :
- le **marché du travail**, qui est le lieu de rencontre entre l'offre et la demande de travail. La confrontation aboutit à la fixation d'un salaire ;
- le **marché des capitaux**, qui permet aux agents qui disposent d'une épargne de capitaux matérialisés sous forme de titres (actions, obligations) de financer ceux qui ont un besoin de financement en contrepartie d'un taux d'intérêt (l'intérêt est la rémunération du capital prêté) ;
- le **marché des biens et des services**, qui permet aux entreprises d'offrir leurs biens et services aux consommateurs moyennant un prix.

A

B

C

© Delagrave, 2023.

1 Associez chaque photographie à l'un des trois marchés évoqués dans le texte.
2 Précisez pour chaque marché quel est l'objet de l'échange.
3 Rappelez quels sont les agents économiques concernés dans chacun des trois marchés.

B Le circuit économique élémentaire, une représentation des échanges

DOCUMENT 8 Les différents types de flux

Les agents économiques sont tous en relation les uns avec les autres. Par exemple, les ménages ont des relations avec d'autres agents économiques comme les entreprises, les banques, les administrations, eux-mêmes en relations réciproques. Ces échanges sont matérialisés par des flux. Les flux représentent les mouvements de biens et services et les mouvements de monnaie entre les différents agents économiques. [...]
Dans une économie simplifiée composée d'agents qui produisent (les entreprises) et d'agents qui consomment (les ménages), on peut schématiser la circulation entre eux de la façon suivante :

- Les ménages fournissent aux entreprises des services et des biens productifs et ces dernières leur livrent des biens et services, ce sont les **flux réels ou matériels** : ménages → travail → entreprises.
- La contrepartie de ces flux réels est constituée par les **flux monétaires ou financiers** qui représentent les échanges d'argent, revenus et dépenses des ménages : ménages ← salaire ← entreprises.

Les flux sont en général réciproques et à un flux réel, le travail par exemple, correspond en contrepartie un flux monétaire, le salaire.

www.lefrancaisdesaffaires.fr

VIDÉO
Le circuit économique
www.lienmini.fr/10749circuit
4:47

1 Définissez ce qu'est un flux avec vos propres mots.
2 Distinguez le flux monétaire du flux réel.
3 Trouvez un exemple de flux échangés et un exemple de flux sans contrepartie.

DOCUMENT 9 Qu'est-ce qu'un circuit économique ?

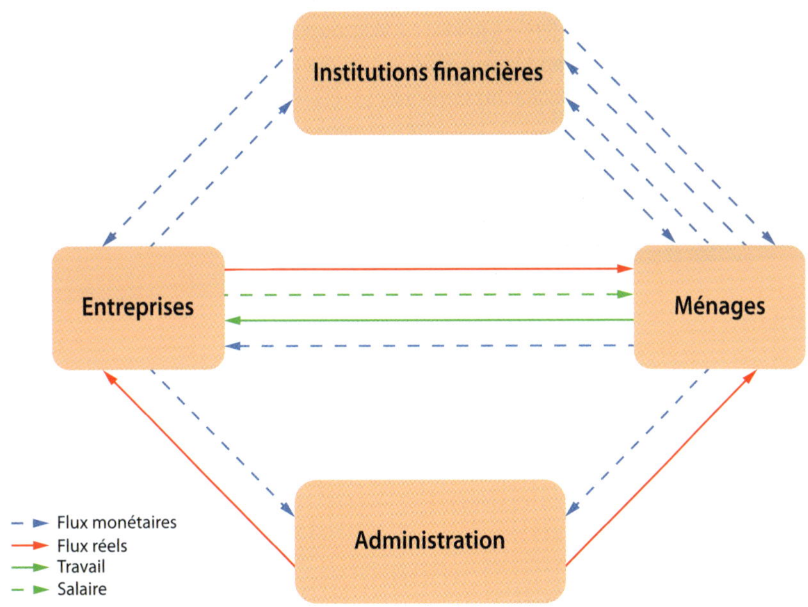

© Delagrave, 2023.

DÉFINITION
Le **circuit économique** est une représentation simplifiée de l'activité économique sous la forme de flux réels et monétaires qui mettent en relation des catégories d'agents économiques. En règle générale, à chaque flux monétaire correspond un flux monétaire ou un flux réel, sauf s'il n'y a pas de contrepartie à l'échange.

1 Reproduisez ce schéma puis complétez ce circuit économique avec les termes suivants : biens et services marchands - services publics *(2 fois)* - remboursement du crédit et des intérêts *(2 fois)* - impôts *(2 fois)* - épargne - intérêts de l'épargne - règlements d'achats - crédit *(2 fois)*.
2 Identifiez le marché correspondant aux flux représentés en vert.

Préparer sa synthèse

1 Rappelez la fonction d'un marché en économie.
2 Énoncez les différents types de marchés.
3 Expliquez à quoi correspond un circuit économique.

3 La monnaie, intermédiaire des échanges

A Qu'est-ce que la monnaie ?

DOCUMENT 10 La monnaie : une réponse aux besoins d'échanges

La monnaie a été créée pour répondre aux besoins d'échanges sociaux et marchands entre des êtres humains. Ainsi, l'analyse des monnaies est indissociable de celle des échanges sociaux et des rituels étroitement liés à la construction sociale des sociétés. [...]
La monnaie a évolué avec la société afin de permettre le développement des relations marchandes en passant d'un système basé sur l'échange de valeur en direct (de type troc), à un système monétaire basé sur la confiance des citoyens dans de la monnaie dématérialisée répondant à tous les besoins monétaires des êtres humains (épargne, échange, spéculation, etc.).

CESE (Conseil économique, social et environnemental), « Nouvelles monnaies : les enjeux macro-économiques, financiers et sociétaux ».

1. Établissez le lien entre monnaie et échange.
2. Expliquez ce qui a poussé les sociétés à créer de la monnaie.

FOCUS HISTORIQUE
Le terme « monnaie » vient du nom du temple de la déesse romaine Juno Moneta, près duquel était frappée la monnaie de la Rome antique (IIIe siècle avant J.-C.).

DOCUMENT 11 Les différentes formes de la monnaie

	Monnaie fiduciaire		
Monnaie marchandise	**Monnaie métallique**	**Monnaie papier**	**Monnaie scripturale**
Sucre, blé, sel, métal, riz, etc.	Pièces métalliques en euro : 1 c, 2 c, 5 c, 10 c, 20 c, 50 c, 1 euro, 2 euros	Billets de banque en euro : 5 euros, 10 euros, 20 euros, 50 euros, 100 euros, 200 euros	Montants portés sur les comptes à vue tenus dans les banques, les centres de chèques postaux, les caisses nationales d'épargne, chez les comptables du Trésor
	Émise en France par le Trésor	**Émise par la Banque de France**	**Transmission par chèque ou virement**

1. Énoncez les différentes formes de monnaie.
2. Précisez la forme de monnaie qui n'est plus utilisée.
3. En vous aidant du document 10, expliquez pour quelles raisons cette forme de monnaie n'est plus utilisée.

VIDÉO
Les différentes formes de monnaie
www.lienmini.fr/10749monnaie
3:20

B Les différentes fonctions de la monnaie

DOCUMENT 12 Les trois fonctions de la monnaie

Unité de compte

La monnaie permet de comparer les prix de différents biens.

Intermédiaire des échanges

La monnaie permet d'acheter n'importe quel bien et est acceptée par tous les vendeurs de la zone monétaire.

Réserve de valeur

La monnaie constitue une réserve de pouvoir d'achat future (aussi appelée « épargne »).

1. Énoncez les trois fonctions de la monnaie.
2. Présentez les avantages procurés par les différentes fonctions de la monnaie.
3. Indiquez à quelle fonction de la monnaie correspond chaque situation qui suit :

   a. Je règle l'achat d'un pull avec ma carte bancaire.

   b. Je mets les 20 euros reçus par ma grand-mère sur un livret de développement durable et solidaire.

   c. Pour partir en vacances, je compare les prix des billets d'avion sur un moteur de recherche.

   d. Les banques nationales de la zone euro tiennent leurs comptes en euros.

   e. Je fais un chèque pour payer mon coiffeur.

   f. Mon employeur me fait un virement pour mon salaire.

FOCUS

En France, les billets sont fabriqués par la Banque de France, qui est d'ailleurs la première productrice de billets de l'Eurosystème. Depuis le lancement en 2002 de la monnaie unique, elle a fabriqué un cumul de près de 22 milliards de billets en euros, soit 22 % du volume total imprimé à ce jour. Elle dispose pour cela d'une filière intégrée, avec une papeterie à Vic-le-Comte et une imprimerie fiduciaire à Chamalières en Auvergne. Cette papeterie, la plus moderne d'Europe, livre le papier fiduciaire à plusieurs autres pays européens.

VIDÉO

Qu'est-ce qu'une monnaie locale ?
www.lienmini.fr/10749locale
1:57

Préparer sa synthèse

1. Expliquez à quels besoins répond la création de la monnaie.
2. Rappelez les formes de la monnaie.
3. Énoncez les fonctions de la monnaie.

Activités

1 Se tester

QCM INTERACTIF
Testez-vous !
www.lienmini.fr/10749exo3

Répondez par vrai ou faux aux affirmations suivantes puis justifiez vos réponses.

1. **Un échange ne peut se réaliser que si l'un des deux agents possède de l'argent.**
2. **La spécialisation a un effet négatif sur la production.**
3. **La division du travail a permis à de nombreux pays de commencer à échanger entre eux.**
4. **Le marché des biens et des services est le seul marché en économie.**
5. **Le circuit économique est une représentation simplifiée des relations entre les acteurs économiques.**
6. **Le travail est un flux monétaire.**
7. **À chaque flux monétaire correspond un flux réel.**
8. **La monnaie marchandise est encore utilisée en France.**
9. **L'expression « monnaie fiduciaire » désigne la monnaie métallique et la monnaie papier.**
10. **La monnaie remplit quatre fonctions.**

2 S'entraîner à l'oral

Constituez des groupes de 2 à 4 élèves et étudiez attentivement l'infographie ci-dessous.
Cherchez des exemples de monnaies alternatives sur Internet (Eusko, Bitcoin, Sol-Violette, Abeille, Ethereum…). Récapitulez les avantages et les inconvénients de ces monnaies alternatives et mettez en avant les réussites ou les échecs. Présentez votre travail à la classe en utilisant un diaporama et débattez de l'intérêt d'utiliser ces monnaies.

VIDÉO
Les monnaies complémentaires
www.lienmini.fr/10749complement
3:38

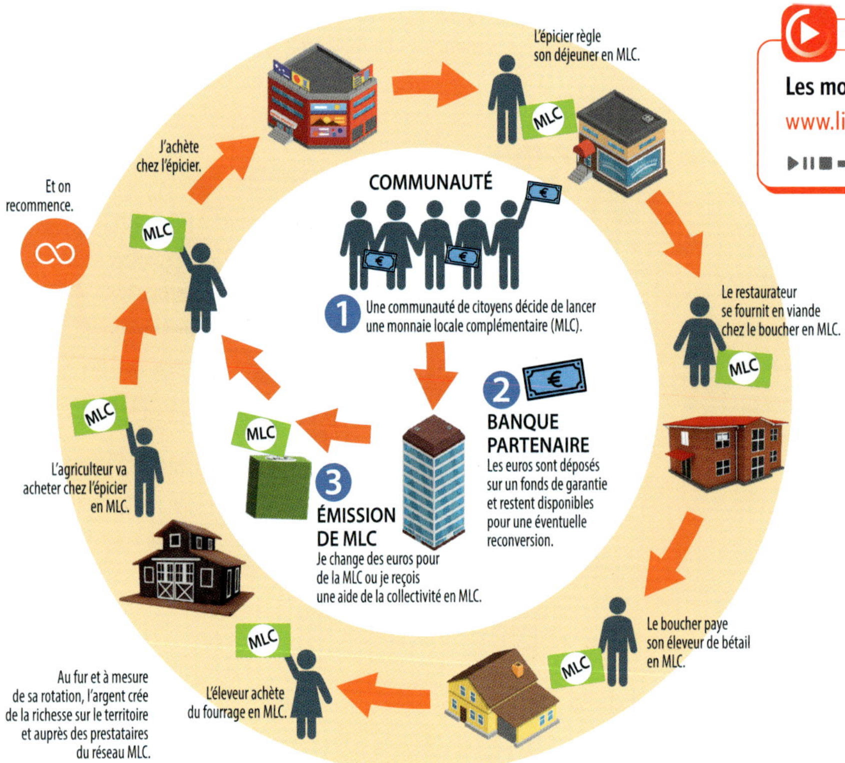

Source : www.horizontransition.org

3 Lire et analyser un tableau

→ Voir FICHE MÉTHODE 2

La monnaie en circulation dans la zone euro en 2021

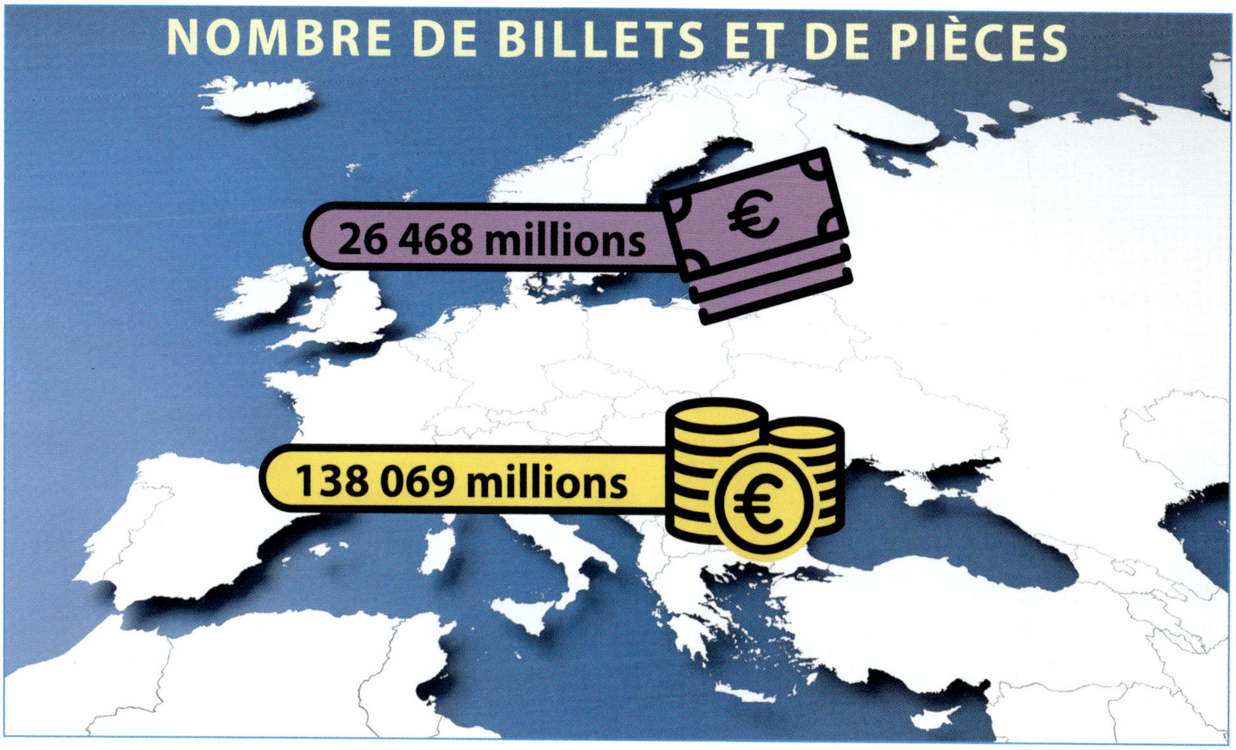

Source : Banque de France.

Les moyens de paiement scripturaux en France en 2020

	Montants réglés (en milliards d'euros)	Nombre de transactions (en millions)
Cartes bancaires	577	13 852
Prélèvements et virements	34 397	9 105
Chèques	614	1 176
Monnaie éléctronique	0,7	36

1. Par le calcul, retrouvez la part des billets dans la monnaie en circulation dans la zone euro en 2021.
2. Par le calcul, retrouvez la part des cartes, des prélèvements et virements, des chèques et de la monnaie électronique dans les moyens de paiement scripturaux en France, en volume et en valeur.
3. Analysez vos résultats et concluez.

MÉTHODE

La **part relative** permet de mesurer l'importance d'un sous-ensemble dans un ensemble plus vaste, par exemple l'importance des filles parmi les élèves d'une classe ou la répartition d'une population selon le niveau de revenu.

$$\text{Part relative} = \frac{\text{sous-ensemble}}{\text{ensemble de référence}} \times 100$$

La lecture d'une part relative doit préciser le sous-ensemble dont on mesure la part relative (ou le poids relatif) et l'ensemble de référence.
Ex. : Dans la classe (*ensemble de référence*), 57 % sont des filles (*sous-ensemble*).
La somme des parts relatives de tous les sous-ensembles est égale à 100 %.

L'essentiel en schéma

SKETCHNOTE
www.lienmini.fr/10749sk3

1 Quelles sont les origines de l'échange ?

Entre individus :

- Intérêt
- Réciprocité
- Confiance

→ Permettent l'échange

Entre pays :

La division du travail encourage → La spécialisation → Ce qui développe les échanges entre pays

La division du travail permet → L'augmentation de la production → Ce qui développe les échanges entre pays

2 Comment s'effectuent les échanges économiques ?

Les échanges se font par l'intermédiaire d'un **marché**.
(= Lieu physique ou virtuel où se rencontrent une offre et une demande.)

- Marché des biens et des services
- Marché du travail
- Marché des capitaux

Le **circuit économique** permet de représenter les échanges sur un marché.

3 La monnaie, intermédiaire des échanges

Les différentes formes de la monnaie

- Monnaie métallique
- Monnaie papier
- Monnaie scripturale

Les fonctions de la monnaie

- Unité de compte
- Intermédiaire des échanges
- Réserve de valeur

MOTS CLÉS

VOIR LEXIQUE P. 138

- Échange
- Spécialisation
- Marché
- Prix
- Circuit économique
- Flux
- Monnaie
- Monnaie fiduciaire
- Monnaie scripturale

Pour réviser le THÈME 1 → ENTRAÎNEMENT p. 128

CHAPITRE 4

La combinaison des facteurs de production

THÈME 2
Comment la richesse se crée-t-elle et se répartit-elle ?

Notions abordées

- Les facteurs de production primaires et secondaires : le travail, le capital, les ressources naturelles, l'information
- Le capital humain
- La substitution ou la complémentarité des facteurs de production au sein de la fonction de production
- Le rôle de l'investissement dans l'accumulation des facteurs
- La productivité globale des facteurs et les gains de productivité

Pour être capable

- D'identifier les différents facteurs de production (*input*) qui vont engendrer une production (*output*).
- D'identifier la différence entre un *input* (investissement en recherche et développement par exemple) et un *output* (brevet ou nouveau produit innovant).
- De définir les notions de productivité et de gain de productivité.
- D'analyser l'évolution des gains de productivité.

1. Indiquez ce qui est produit.
2. Identifez les facteurs de production utilisés.

LANCER LA SÉANCE

VIDÉO EN QUESTIONS

Le pompon rouge des marins, un savoir-faire unique
www.lienmini.fr/10749pompon

3:33

1. Décrivez l'activité de l'entreprise.
2. Repérez les facteurs de production utilisés par l'entreprise.
3. Précisez l'importance du secret de fabrication et du savoir-faire pour l'entreprise.

1 Quels sont les différents facteurs de production nécessaires pour produire ?

A Les principaux facteurs de production

DOCUMENT 1 Le travail et le capital, des facteurs utilisés dans le processus productif

Pour produire et vendre ses produits, une entreprise aura tout d'abord besoin de travail, c'est-à-dire de main-d'œuvre, quel que soit le statut de cette dernière (salarié, indépendant, intérimaire...). Ensuite, elle aura besoin de capital, c'est-à-dire des bâtiments, des terres, des machines, des équipements, des logiciels et autres immobilisations, matérielles ou immatérielles, utilisés dans le cadre du processus de production.
Du point de vue de la théorie économique, une entreprise est donc considérée comme une « usine » qui transforme deux facteurs de production en un bien final.

Antonin Bergeaud, Gilbert Cette, Rémy Lecat, *Le Bel Avenir de la croissance : leçons du XXe siècle pour le futur*, Odile Jacob, 2018.

- Identifiez les deux facteurs de production mentionnés.

DOCUMENT 2 Le capital humain, l'aspect qualitatif du travail

Gary Becker voit en chacun l'accumulation de connaissances comme un patrimoine qui évolue au cours de la vie. Cet enrichissement spirituel se répercute sur le niveau de vie : plus l'individu « investit » dans son capital humain, notamment en faisant des études, plus son salaire s'accroît. [...] « Le capital humain définit l'ensemble des capacités productives qu'un individu acquiert par accumulation de connaissances générales ou spécifiques, de savoir-faire, etc. » (Gary Becker, économiste américain).

www.pourleco.com, 10 mai 2022.

DÉFINITION

Capital humain : notion mise en valeur par Gary Becker désignant l'aptitude de l'individu à travailler. Les éléments composant le capital humain sont principalement la santé et l'éducation. L'investissement en capital humain est l'ensemble des dépenses d'éducation et de santé destinées à accroître la productivité du travail.

- Expliquez pourquoi l'aspect qualitatif du travail est qualifié de « capital humain ».

DOCUMENT 3 Les facteurs de production chez Michelin

9 pôles de R&D à travers le monde, 123 sites de production dans 26 pays, une présence commerciale dans 170 pays, un effectif mondial de 125 000 personnes, le groupe Michelin est aujourd'hui implanté sur tous les continents. [...]
L'innovation est, depuis toujours, au cœur de la stratégie de croissance du groupe. Mathématiciens, spécialistes des matériaux, informaticiens... pas moins de 6 600 chercheurs travaillent à inventer la mobilité de demain en collaboration avec des universités et laboratoires du monde entier.

www.michelin.com

DÉFINITIONS

Facteurs de production : éléments **primaires** (intégrés dans le processus de production sans transformation : ressources naturelles, travail) ou **secondaires** (qui ont subi une transformation avant d'être utilisés pour produire : capital, information, savoir) dont la combinaison permet la production.
***Input* :** synonyme de facteurs de production, désigne ce qui est consommé dans l'acte de production.
***Output* :** désigne le résultat de l'acte de production, c'est-à-dire un bien ou un service.

1. Identifiez les facteurs de production utilisés par l'entreprise Michelin.
2. Analysez les composantes du capital humain de Michelin.
3. En vous aidant de la photographie, indiquez l'*output* produit par l'entreprise.

B Les autres facteurs de production

VIDÉO

Traxens assure la traçabilité des conteneurs maritimes

www.lienmini.fr/10749traxens

2:45

DOCUMENT 4 L'information et le savoir

Grâce à Traxens, le transport maritime conteneurisé passe à l'ère numérique. Après plusieurs années de tests grandeur nature, l'entreprise propose aux transporteurs des boîtiers électroniques à fixer sur des conteneurs afin de leur fournir des informations à forte valeur ajoutée : position du conteneur en mer et sur terre, intensité des chocs éventuellement subis, historiques des ouvertures et fermetures des portes ou variations de température. La solution a été déployée à l'ensemble de la flotte de la CMA-CGM[1]. Traxens a créé ses solutions technologiques de rupture en partenariat avec huit laboratoires publics, dont l'INRIA. Elle est propriétaire de brevets internationaux et mène une politique très active contre les contrefacteurs.

1. Compagnie maritime d'affrètement.

Traxens assure la traçabilité des conteneurs maritimes, www.inpi.fr

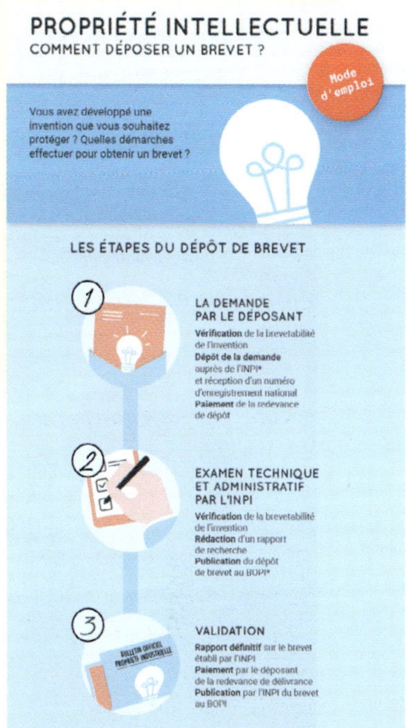

1. Citez le produit commercialisé par l'entreprise Traxens et mentionnez sa fonctionnalité.
2. Recherchez la définition d'un brevet à partir du site de l'INPI : www.inpi.fr.
3. Justifiez que les brevets détenus par Traxens sont le résultat d'une production (un *output*).
4. Expliquez pourquoi l'information donnée par les produits Traxens est considérée comme un facteur de production pour la CMA-CGM.

DOCUMENT 5 Les ressources naturelles

Les activités économiques d'un pays associées à la production de biens et d'équipements, au logement, à l'alimentation, aux déplacements, à l'information, etc. consomment des ressources naturelles (eau, matières végétales et minérales). Une partie de ces ressources est potentiellement renouvelable, comme les cultures agricoles pour l'alimentation humaine et animale, l'eau pour l'irrigation, ou la forêt qui produit le bois pour la construction, la fabrication du papier/carton et du mobilier ou pour le chauffage, etc. Néanmoins la majorité de ces ressources n'est pas renouvelable : granulats utilisés pour la construction et les routes, carburants pour les véhicules thermiques, fuel et gaz pour la production de chaleur, plastiques, acier, aluminium, etc.

www.notre-environnement.gouv.fr

- Indiquez les deux catégories de ressources naturelles.

DOCUMENT 6 Les ressources naturelles : un facteur de production pour les entreprises

La Quiberonnaise défend, depuis presque un siècle, le savoir-faire ancestral d'une conserverie de poissons spécialisée dans les sardines. Installée sur le port de pêche de la presqu'île de Quiberon, elle a pour particularité de ne travailler que du poisson frais, de manière artisanale : les sardines sont préparées et emboîtées à la main dans les 48 heures qui suivent la pêche.

www.laquiberonnaise.fr

Pétrole et gaz, solaire, bioénergies… Pour satisfaire les besoins en énergie d'une population mondiale plus nombreuse et préparer l'avenir énergétique, nous innovons sans cesse de manière durable et responsable.

www.totalenergies.com

1. Repérez les ressources naturelles utilisées dans chaque entreprise.
2. Classez ces ressources selon les deux catégories mentionnées dans le document 5.
3. Justifiez le fait que ces ressources naturelles sont rares.

Préparer sa synthèse

- Listez les différents facteurs de production utilisés pour produire.

2 Comment les différents facteurs de production se combinent-ils ?

A La complémentarité et la substituabilité des facteurs de production

DOCUMENT 7 Des combinaisons productives différentes

© Delagrave, 2023.

1. Repérez les facteurs de production utilisés sur les deux photographies.
2. Identifiez la photographie illustrant des facteurs de production substituables et celle illustrant des facteurs de production complémentaires.
3. Expliquez le principe de substitution du facteur capital au facteur travail.

DÉFINITION

Les **facteurs de production** peuvent être **substituables** : l'utilisation d'une machine peut remplacer le travail humain ou permettre une économie de l'usage d'une ressource naturelle.
Ils peuvent également être **complémentaires** : l'utilisation d'une machine nécessite également du travail humain.

DOCUMENT 8 Carrefour Flash, le magasin autonome

Carrefour ouvre un magasin autonome à Paris, équipé de la technologie développée par la start-up californienne AiFi. Dans cet « Amazon Go » à la française, pas besoin d'application mobile, c'est le magasin qui est connecté. De nombreuses caméras fixées au plafond et des balances connectées cachées dans les rayonnages suffisent au système développé par la start-up pour suivre les clients en temps réel et déterminer leur panier. À la clé : un passage express en caisse où le panier du client est résumé sans qu'il n'ait rien à faire. [...]
Les employés du Carrefour Market sur lequel la technologie a été implémentée sont toujours présents sur les lieux. Ils peuvent guider les clients, valider la vente d'alcool qui est interdite aux mineurs, régler d'éventuels problèmes au niveau du panier, remplir les rayonnages et repositionner des produits qui auraient été mal remis par les clients [...].

Léna Corot, www.usine-digitale.fr, 24 Novembre 2021.

1. Commentez les avantages de la substitution du capital au travail pour Carrefour.
2. Proposez une explication à ce changement de combinaison productive.
3. Analysez les effets sur les tâches des salariés de Carrefour Flash.

B Le rôle de l'investissement dans la combinaison productive

DOCUMENT 9 Les objectifs de l'investissement

Une entreprise peut décider d'investir pour différentes raisons :
– augmenter ses capacités de production pour répondre à une hausse de la demande ;
– améliorer ses moyens de production pour augmenter sa productivité ou pour répondre à une nouvelle demande (montée en gamme des produits ou services, développement de produits plus écologiques, etc.).

© Delagrave, 2023.

● Recherchez deux exemples d'investissements réalisés par une entreprise.

DÉFINITION

L'**investissement** est une opération réalisée par les entreprises dans le but d'acquérir ou de produire des moyens de production (machines, équipements, bâtiments, logiciels...). Il permet l'accumulation de capital.

DOCUMENT 10 100 millions d'euros d'investissement pour le boulanger industriel Menissez

Le groupe familial de boulangerie industrielle entame un programme d'augmentation considérable de ses capacités sur son site de Maubeuge. [...] Nouveaux bâtiments, nouvelles lignes de production, le site pourra produire 100 000 tonnes supplémentaires de pain par an, à l'horizon 2024. [...] L'usine est déjà l'une des plus grandes d'Europe dans son domaine, avec 35 lignes de production, entièrement robotisées, sur un site de 25 hectares, complété de 10 hectares de réserves foncières.
Son extension, très capitalistique, devrait s'accompagner néanmoins de la création de 150 à 250 emplois selon l'état du marché. [...] La stratégie du groupe est dès lors de hisser le niveau de valeur, avec une production « premium ».
L'entreprise, née en 1965 d'une boulangerie artisanale à Feignies, est devenue au fil des décennies un des grands de la boulangerie industrielle, avec une production annuelle de 180 000 tonnes et un chiffre d'affaires de 200 millions d'euros.

Olivier Ducuing, www.lesechos.fr, 5 février 2021.

VIDÉO

L'innovation va-t-elle tuer le travail ?
www.lienmini.fr/10749innovation
4:09

1. Identifiez les investissements annoncés par Menissez.
2. Indiquez le facteur de production principalement impacté par ces investissements.
3. Expliquez l'utilité pour Menissez de réaliser des dépenses d'investissement.

Préparer sa synthèse

1. Distinguez la complémentarité et la substituabilité des facteurs de production.
2. Analysez l'effet de la robotisation sur la combinaison des facteurs de production.
3. Expliquez le rôle de l'investissement dans la combinaison des facteurs de production.

3 Comment mesurer l'efficacité des différents facteurs de production ?

A La notion de productivité

DOCUMENT 11 Qu'est-ce que la productivité ?

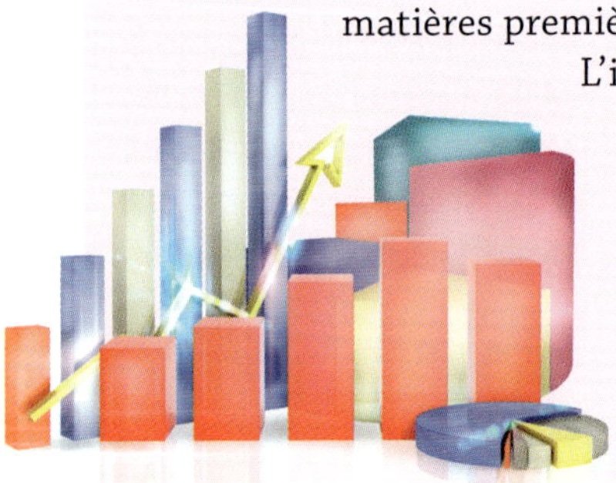

C'est le rapport entre la quantité produite d'un bien ou d'un service et le nombre d'unités d'un facteur de production utilisé (énergie, machines, matières premières, capital, humains, temps).

L'indicateur le plus couramment utilisé est celui de productivité du travail : il se définit par le rapport entre un volume de production réalisé et la quantité de travail employée. La productivité du capital mesure le rapport entre le volume de production obtenu pendant une période donnée et le volume du capital fixe utilisé pour le produire.

www.pourleco.com, 30 août 2021.

1. Définissez les notions de productivité, de productivité du travail et de productivité du capital.
2. En vous aidant des définitions, calculez la productivité horaire, par tête et du capital, d'une entreprise de peinture automobile employant 2 peintres, qui produisent 4 voitures en 8 heures à l'aide de 2 pistolets à peinture.

MÉMO CALCUL

- **Productivité du travail**

Productivité horaire = production réalisée / nombre d'heures travaillées

Productivité par tête = production réalisée / nombre de salariés

- **Productivité du capital** = production réalisée / nombre de machines utilisées

La production réalisée peut être exprimée en quantité produite ou en valeur ajoutée.

DOCUMENT 12 La productivité horaire du travail ou PIB sur heures travaillées de 2001 à 2021 pour quelques pays, exprimée en dollars constants 2010

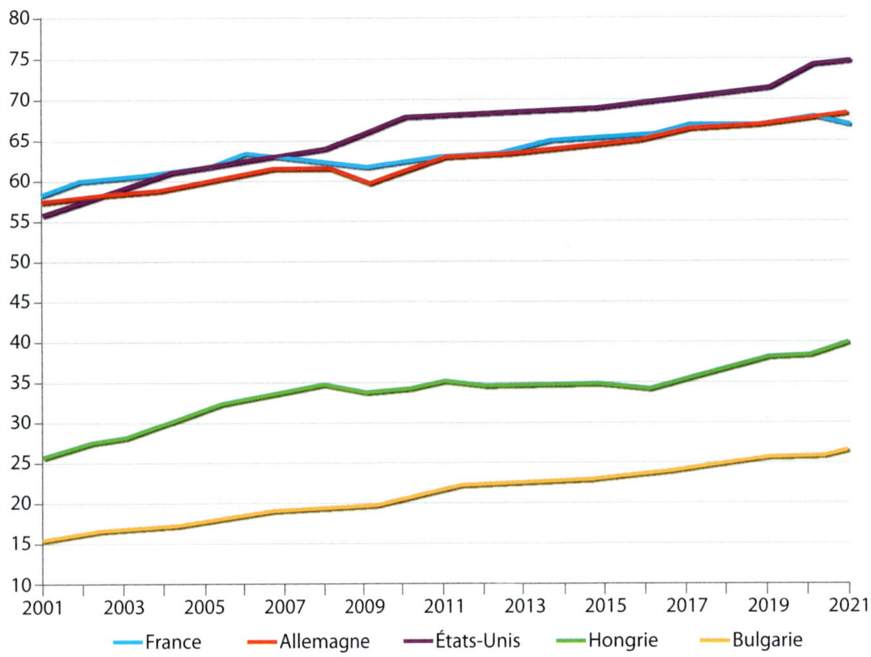

Source : OCDE.

1. Citez les trois pays ayant la productivité horaire la plus élevée.
2. Commentez l'évolution de la productivité horaire du travail sur une longue période.

MÉTHODE

Une **courbe** permet de montrer une évolution. Pour l'analyser, ne pas oublier de lire le titre du graphique avec attention et repérer les différentes informations présentées : les unités utilisées, la période couverte, les agents concernés...

B L'importance des gains de productivité

DOCUMENT 13 Les facteurs explicatifs de l'évolution des gains de productivité

Les facteurs travail et capital sont-ils les seules sources de la croissance économique ? La réponse est oui, mais à condition qu'à tout moment on se donne les moyens d'optimiser les facteurs de production existants grâce au progrès technique. La production est en effet une fonction croissante du stock de capital et de la quantité de travail. Cette dynamique se heurte au phénomène des rendements décroissants : plus on augmente le stock de capital, moins celui-ci est performant. Pour contrecarrer cette tendance irrésistible selon laquelle la quantité est de moins en moins efficiente, on améliore la qualité du capital (innovation) et des hommes (formation).

La productivité totale ou globale des facteurs reflète la capacité d'un pays à créer des richesses non pas simplement en accumulant des facteurs de production (capital et travail), mais en les combinant de la manière la plus efficace possible. La croissance de la productivité globale des facteurs est la partie de la croissance de la production qui n'est expliquée ni par la croissance de l'emploi, ni par le stock de capital productif. Elle est le reflet du progrès technique (l'effort d'innovation, l'amélioration de la qualité des produits et des processus de production) et l'amélioration du capital humain (l'effort d'éducation). À ces facteurs déterminants, il faudrait encore ajouter la structure sectorielle de l'économie, l'organisation de la production dans les usines et dans les bureaux, etc. Finalement, tout ce qui fait qu'avec le même nombre d'euros de capital et le même nombre de salariés, une entreprise va quand même produire davantage d'une année sur l'autre.

Patrick Artus, Marie-Paule Virard, *Croissance zéro, comment éviter le chaos ?*, Librairie Arthème Fayard, 2015.

DÉFINITION

Gains de productivité : augmentation de la productivité entre deux dates. Cette augmentation s'explique :
- soit par une hausse de la production avec la même quantité de facteurs ;
- soit par un maintien ou une hausse de la production avec moins de facteurs de production.

1. Énumérez les déterminants des gains de productivité.
2. Expliquez le lien entre capital humain et gains de productivité.

DOCUMENT 14 L'impact des gains de productivité

L'amélioration de la productivité permet à l'entreprise d'accroître ses revenus. Si les salariés produisent par exemple avec le même nombre d'heures de travail une quantité de biens supérieure, l'entreprise réalise un gain, appelé gain de productivité.

L'un des principaux facteurs d'amélioration de la productivité (perfectionnement des moyens de production) est le progrès technique.

Les gains de productivité qui sont liés à l'amélioration des facteurs de production constituent une ressource supplémentaire que l'entreprise peut répartir entre les salariés (augmentation des salaires), les consommateurs (baisse des prix des biens), les propriétaires (hausse des dividendes), etc.

www.vie-publique.fr

1. Identifiez les conséquences des gains de productivité pour une entreprise.
2. Expliquez, à partir de la réponse précédente, l'impact des gains de productivité sur la croissance d'un pays.

Préparer sa synthèse

1. Présentez les différents types de productivité.
2. Expliquez les déterminants des gains de productivité.

Activités

1 Se tester

QCM INTERACTIF
Testez-vous !
www.lienmini.fr/10749exo4

Répondez par vrai ou faux aux affirmations suivantes puis justifiez vos réponses.

1. **Le facteur travail n'a qu'un aspect quantitatif.**
2. **Les ressources naturelles ne sont pas considérées comme un facteur de production.**
3. **La combinaison productive est liée au choix des facteurs de production utilisés.**
4. **Le savoir est un facteur de production.**
5. **La robotisation n'a aucune conséquence sur la combinaison productive.**
6. **L'investissement modifie le stock de capital.**
7. **La productivité ne concerne que le facteur capital.**
8. **La productivité est égale au rapport entre la quantité utilisée d'un facteur de production et la production obtenue.**
9. **L'investissement en capital humain améliore la productivité du travail.**
10. **Les gains de productivité peuvent profiter simultanément aux salariés, aux actionnaires et aux clients.**

2 Argumenter

Regardez la vidéo puis construisez une argumentation pour justifier les bienfaits des gains de productivité pour l'économie nationale.

VIDÉO
Comprendre l'impact des gains de productivité sur l'économie
www.lienmini.fr/10749impact
3:18

3 Calculer la productivité

Une pâtisserie est spécialisée dans la réalisation de macarons. Son équipe de 5 pâtissiers travaille 7 heures par jour pour créer 3 500 macarons.
Par ailleurs, l'équipe utilise 4 robots, achetés il y a quelques années. L'entreprise envisage d'investir pour les remplacer par 2 robots équipés des dernières technologies, qui permettraient de produire la même quantité de macarons par jour.

1. Calculez la productivité horaire d'un pâtissier.
2. Calculez la productivité du capital avant investissement et celle après investissement.
3. Déduisez les conséquences de cet investissement en matière de gains de productivité.

4 S'entraîner à l'oral

Constituez deux groupes : un groupe présentera les avantages de la robotisation dans l'économie et l'autre ses limites. Chaque groupe est chargé de trouver des arguments pour convaincre du bienfondé de sa position.

5 Lire et analyser un texte

→ Voir FICHE MÉTHODE 1

Les soft skills[1] et la productivité

Bien que cela soit difficile à établir au niveau global, des recherches récentes menées au niveau des entreprises montrent que les compétences sociales ont un effet causal sur l'augmentation de la productivité. Par exemple, un essai [...] réalisé en Inde a évalué le rendement d'une formation aux compétences sociales dispensée aux employés de la plus grande entreprise d'exportation de vêtements du pays [...]. La formation, d'une durée de 11 mois, couvrait une série de sujets tels que la gestion du temps, la communication efficace, la résolution de problèmes et les connaissances financières. En conséquence, la production de vêtements a augmenté de 10 %, l'efficacité de 12 % et les travailleurs ont été en mesure d'effectuer des tâches plus complexes.
Une autre expérience sur le terrain a permis d'évaluer l'impact d'une intervention visant à transmettre des compétences en matière de leadership et de communication aux gestionnaires et aux vendeurs d'une entreprise de vente au détail au Chili. [...] Grâce à l'intervention, la productivité du magasin et la productivité individuelle du travail (mesurée par les ventes totales et le nombre de transactions) ont augmenté.

1. Compétences comportementales : intelligence relationnelle, créativité, capacité d'adaptation, etc.

Maria Guadalupe, Bryan Ng, « *Soft skills* et productivité en France », Conseil d'analyse économique, Focus, septembre 2022.

Une productivité déclinante en France depuis 20 ans

Le CAE[1] [...] remet en cause le diagnostic traditionnel du déclassement économique français selon lequel la productivité (ratio entre la production et le nombre d'heures travaillées) resterait forte et le principal problème serait un taux d'emploi faible.
L'impression d'une productivité restée forte en France s'explique par un biais dans la composition de la population employée : le sous-emploi des moins qualifiés par rapport aux pays voisins. Les intégrer, à l'image d'autres pays, au marché du travail fait baisser mécaniquement la productivité. La note du CAE tient compte de ce biais et aboutit à une baisse relative de la productivité par rapport à l'Allemagne (d'environ 5 %) et aux États-Unis (de 7 %) depuis 20 ans.
Ce ralentissement de la productivité pèse sur le produit intérieur brut (PIB) : pour la seule année 2019, le CAE obtient un manque à gagner de 140 milliards d'euros pour le PIB [...].

1. Conseil d'analyse économique.

www.vie-publique.fr, 7 octobre 2022.

1. Repérez, dans le premier texte, ce qui a permis à l'entreprise d'exportation de vêtements d'augmenter sa productivité.
2. En vous aidant du second texte, identifiez le lien entre productivité et PIB.
3. Rédigez une argumentation qui vous permette de répondre à la question suivante :
Comment une économie nationale peut-elle augmenter sa productivité globale des facteurs de production ?

L'essentiel en schéma

SKETCHNOTE
www.lienmini.fr/10749sk4

1 Quels sont les différents facteurs de production nécessaires pour produire ?

Facteurs de production

- Primaires
= travail, ressources naturelles
- Secondaires
= capital, information, savoir

2 Comment les différents facteurs de production se combinent-ils ?

Les facteurs de production se combinent de manière **complémentaire** ou **substituable**.
Input

Pour obtenir →

Production
= Ensemble des biens et des services produits par les entreprises et les administrations
Output

3 Comment mesurer l'efficacité des différents facteurs de production ?

Productivité du facteur travail → Productivité du facteur capital →

La **productivité globale** mesure l'efficacité de la **combinaison productive**.

Investissement en capital humain
Progrès technique
Meilleure organisation des facteurs de production

→ **Gains de productivité** →

Hausse des salaires
Baisse des prix
Hausse des profits

MOTS CLÉS

VOIR LEXIQUE P. 138

- Facteur de production
- Travail
- Ressources
- Capital
- Productivité du travail
- Productivité du capital
- Productivité globale des facteurs
- Gains de productivité
- Investissement
- Capital humain
- Progrès technique

CHAPITRE 5

La mesure de la production et ses prolongements

THÈME 2
Comment la richesse se crée-t-elle et se répartit-elle ?

Notions abordées

- Les agrégats économiques : la valeur ajoutée et le produit intérieur brut (PIB)
- La production non marchande
- Les indicateurs complémentaires du PIB : Indice de développement humain (IDH), etc.
- La statistique nationale et la comptabilité nationale
- Le calcul du PIB

Pour être capable

- De calculer la valeur ajoutée dans des cas simples.

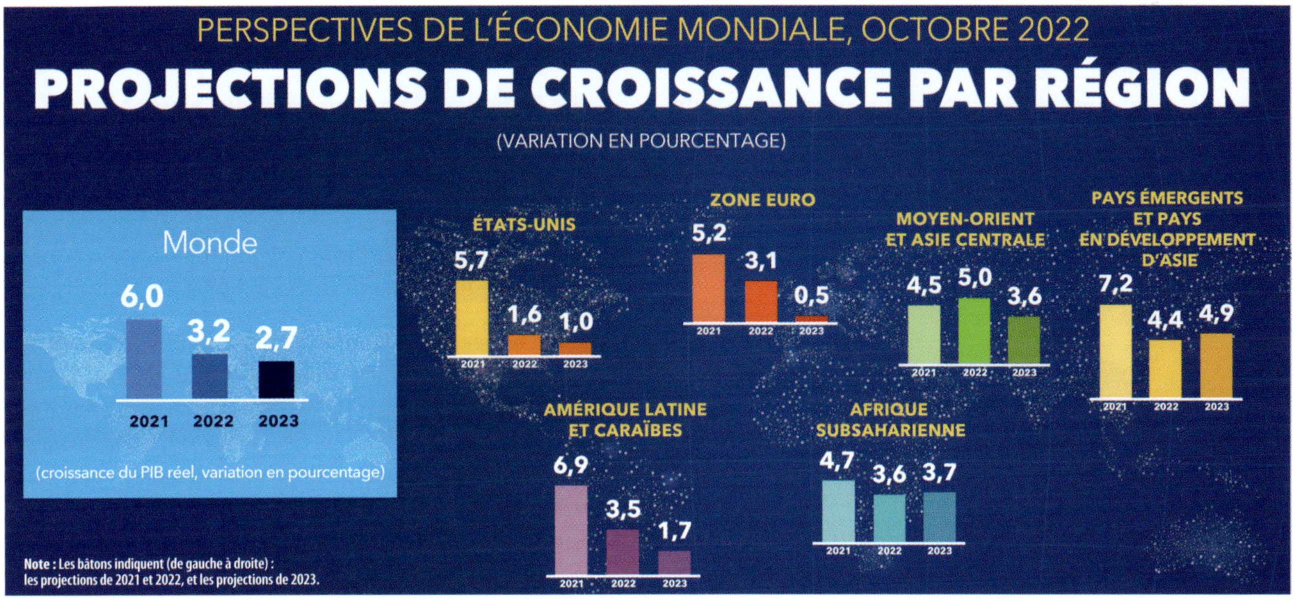

Source : FMI, *Perspectives de l'économie mondiale*, octobre 2022.

1. Identifiez les régions du monde dont les projections de croissance du PIB sont les plus élevées.
2. Les projections de croissance du FMI pour la France sont de : 6,8 % en 2021, 2,5 % en 2022 et 0,7 % en 2023. Situez la France par rapport à l'ensemble des pays.

LANCER LA SÉANCE

VIDÉO EN QUESTIONS

Qu'est-ce que le PIB ?
www.lienmini.fr/10749pib

1. Donnez une définition du PIB et précisez sa formule de calcul.
2. Indiquez à quoi sert le calcul du PIB et qui le calcule en France.

1 Comment mesurer la production ?

A Le calcul de la production au niveau d'une entreprise : la valeur ajoutée

DOCUMENT 1 Qu'est-ce que la valeur ajoutée ?

La valeur ajoutée (VA) représente la richesse nouvelle produite par l'entreprise lors du processus de production qui pourra être répartie sous forme de revenus. Elle permet de calculer la richesse brute créée par une entreprise, avant rémunération de ses salariés, de ses apporteurs de capitaux et des administrations.
La valeur ajoutée est une notion différente du chiffre d'affaires (CA) qui représente la somme de l'ensemble des ventes des entreprises. La valeur ajoutée est obtenue si on soustrait de la valeur de la production les coûts intermédiaires, c'est-à-dire les matières premières et les services que les entreprises ont dû acheter pour produire. [...]
Prenons l'exemple du pain : la valeur ajoutée dans la production du pain représente la différence entre le prix du pain vendu et la somme du prix de la farine, du levain, de l'électricité, etc. consommés pour produire ce pain.
Attention cependant, pour produire, une entreprise ne se contente pas de consommer des matières premières ou des services, elle utilise aussi des équipements et achète des brevets. Dans l'exemple du pain, il s'agira du fournil par exemple. Ces biens, étant des investissements, ne sont pas comptabilisés dans les coûts intermédiaires.

www.lafinancepourtous.com, 28 octobre 2021.

1. Relevez les principales consommations intermédiaires nécessaires à la production de pain.
2. En vous aidant du document, donnez une définition de la notion de consommation intermédiaire.
3. Définissez la notion de valeur ajoutée.

DOCUMENT 2 Le calcul de la valeur ajoutée

Prenons une fabrique de jouets traditionnels en bois. Elle a acheté au cours de l'année des planches, de la peinture et des clous pour un montant total de 300 000 euros. En fin d'année, par l'effet du travail de ses collaborateurs, elle a produit des jouets pour un prix de vente global d'1 million d'euros. La richesse créée par cette entreprise est donc la valeur qu'elle a ajoutée en transformant, comme le sculpteur ou le peintre, la matière brute en produit fini [...].

www.economie.gouv.fr

1. Calculez le montant de la valeur ajoutée créée par cette entreprise de jouets traditionnels en bois.
2. Calculez la part de cette valeur ajoutée dans la production de l'entreprise.

DOCUMENT 3 Un boulanger menacé par la hausse des prix

Abel a créé sa boulangerie artisanale il y a deux ans. Il emploie 3 salariés. Aujourd'hui, il est très inquiet car malgré une activité en croissance, son comptable lui a annoncé qu'il allait devoir prendre des décisions importantes dans les semaines à venir en raison de l'évolution du prix des matières premières (beurre, sucre, farine...) et surtout de l'énergie.
Ses comptes font apparaître les données suivantes :

	2021	2022
Chiffre d'affaires	250 000 €	300 000 €
Matières premières	72 000 €	100 000 €
Énergie	12 500 €	40 000 €

1. Indiquez quelle conséquence a l'augmentation du prix des matières premières et de l'énergie sur la valeur ajoutée de la boulangerie d'Abel.
2. Suggérez à Abel des solutions pour maintenir son activité.

B Le calcul de la production au niveau d'une économie : le PIB

DOCUMENT 4 Le PIB, un indicateur de mesure de la production d'une économie

Qu'est-ce que la production ?
Dans un sens courant, la production désigne l'activité économique consistant à créer des biens et des services. [...] Deux éléments distincts permettent de définir la production. Il faut que les biens produits s'échangent sur un marché ou alors que ceux-ci soient le résultat d'un travail rémunéré. Ainsi, [...] le travail domestique, c'est-à-dire réalisé chez soi, n'est donc pas productif. [...] En outre, la relation au marché est déterminante, la production étant destinée soit à être vendue, soit réalisée avec des facteurs de production venant du marché. Cette double référence permet à l'Insee de distinguer la production marchande et la production non marchande :
– production marchande : production des biens et des services destinés à être vendus sur un marché ;
– production non marchande : services gratuits ou quasi gratuits réalisés avec des facteurs de production obtenus sur le marché.
[...] De façon plus générale, les administrations produisent des services non marchands. [...]

DÉFINITION
La **comptabilité nationale** présente dans un cadre comptable cohérent l'ensemble des activités économiques réalisées annuellement par les différents agents à l'intérieur d'une économie ou entre celle-ci et le reste du monde. Elle prend en compte de nombreux indicateurs dont le PIB.

Comment mesure-t-on la production d'une économie ?
Pour mesurer la production annuelle d'une économie [...], il faut additionner les valeurs ajoutées de chaque unité de production. [...] La production d'une économie est donc égale à la somme des valeurs ajoutées de toutes les entreprises. Cette production totale est appelée produit intérieur brut (PIB) par la comptabilité nationale.
Le PIB se décompose en PIB marchand et PIB non marchand, le PIB non marchand regroupant les productions non marchandes de l'économie. Comme il n'existe aucun prix pour ces productions, elles sont mesurées par leur coût total de production.

Jean-Yves Capul, Olivier Garnier, *Dictionnaire SES*, Hatier, 2020.

1. Indiquez le calcul du PIB.
2. Distinguez la production marchande de la production non marchande.
3. Donnez un exemple pour chacune de ces productions.

DOCUMENT 5 Le PIB, un outil stable et transparent

Le produit intérieur brut (PIB) est un indicateur très pertinent pour mesurer l'activité d'une économie. Son grand avantage est qu'il délivre une information en peu de temps. [...] Cela permet d'enclencher rapidement les politiques monétaires et budgétaires. [...] C'est un résumé simplifié qui intègre un maximum de situations économiques parfois complexes. Le PIB est par ailleurs extrêmement transparent. Eurostat, l'institut européen de la statistique, vérifie systématiquement comment l'Insee a calculé ce chiffre. Cela garantit la fiabilité de cet indice. Mais surtout, le PIB est stable dans le temps et dans l'espace. Il permet de faire des comparaisons géographiques et temporelles. Le chiffre du PIB n'a pas d'utilité en lui-même. La comparabilité est donc essentielle. Mais attention, il ne dit pas tout de l'économie. En ne s'intéressant qu'à ce qui est produit et non à ce qui est détruit, le PIB ne permet pas de juger la soutenabilité environnementale d'une économie. En revanche, c'est un très bon indicateur pour dire si l'économie est en croissance ou en récession.

Cécile Bertrand, www.la-croix.com, 8 mars 2020.

DÉFINITION
Agrégat économique : grandeur synthétique caractérisant l'activité économique d'un pays et obtenue en combinant divers postes de la comptabilité nationale. Ces grandeurs permettent d'effectuer des comparaisons dans le temps ou entre les pays. Le principal agrégat est le PIB qui est utilisé pour mesurer la croissance économique.

- Repérez les principaux avantages du PIB comme indicateur de mesure.

Préparer sa synthèse

1. Définissez la valeur ajoutée et indiquez comment elle est calculée dans la production marchande et dans la production non marchande.
2. Définissez le PIB et indiquez comment il est calculé.

2 Quels sont l'intérêt et les limites de la mesure de la richesse nationale par le PIB ?

A Le PIB : un indicateur de mesure du dynamisme économique d'une nation

DOCUMENT 6 La croissance économique

La croissance économique quantifie la variation de production dans une économie durant un laps de temps donné. Cette variation positive se mesure grâce à l'évolution annuelle d'un indicateur : le PIB. [...] L'augmentation de la croissance peut résulter d'une augmentation de la quantité de biens (et services) produite ou d'une augmentation des prix. [...] La croissance annuelle est mesurée par le taux de croissance du PIB d'une année sur l'autre. Cette évolution conditionne le rythme de la croissance. [...] Le PIB peut être évalué en volume ou en valeur. En valeur, le calcul ne tient pas compte de l'inflation (PIB nominal). Mais pour obtenir la croissance réelle, il faut intégrer l'augmentation des prix. On obtient alors le PIB en volume (PIB réel).
La croissance est généralement associée à la création d'emplois, à la hausse du pouvoir d'achat de la population et à un assainissement des finances publiques, puisque la création de richesse se traduit par une augmentation des ressources de l'État (recettes fiscales, TVA, etc.). *A contrario*, une croissance nulle, outre ses conséquences négatives sur les finances publiques, pèse sur le marché du travail avec des effets en chaîne sur le chômage, la solvabilité des ménages (capacité de remboursement des crédits, etc.). Toutefois, certains économistes s'opposent à la recherche de croissance systématique en soulignant les dangers écologiques, démographiques et sociaux qu'elle provoque bien que le progrès technologique permette de limiter les effets de cette production sur l'environnement.

Léa Boluze, www.capital.fr, 14 février 2022.

1. Distinguez le PIB en valeur du PIB réel.
2. Indiquez comment est mesurée la croissance économique.
3. Repérez les effets de la croissance sur l'économie.

MÉMO CALCUL

Taux de croissance du PIB entre l'année n-1 et l'année n
=
[(PIBn - PIBn-1) / PIBn-1] × 100

DOCUMENT 7 L'évolution de la croissance française de 2016 à 2021

Par rapport à l'année précédente en volume en %

Indicateur	2016	2017	2018	2019	2020	2021
PIB	1,1	2,3	1,9	1,8	- 7,8	6,8

Source : Insee, *Chiffres-clés*, 31 mai 2022.

1. Représentez la courbe du taux de croissance du PIB de la France de 2016 à 2021.
2. Décrivez les variations de la croissance française sur cette période.

DOCUMENT 8 Classement des pays ayant le PIB le plus élevé dans le monde

PIB à prix courants en milliards de dollars	PIB 2019	PIB 2022	PIB par habitant en 2022
Allemagne	3 889	4 031	48 398
Brésil	1 873	1 895	8 857
Canada	1 742	2 200	56 794
Chine	14 341	18 321	12 970
États-Unis	21 373	25 035	75 180
France	2 729	2 778	42 330
Inde	2 832	3 469	2 466
Italie	2 012	1 997	33 740
Japon	5 120	4 301	34 358
Royaume-Uni	2 880	3 198	47 318
Russie	1 696	2 133	14 665

Source : FMI, 2022.

1. Identifiez les cinq pays les plus riches en 2022 selon leur PIB.
2. Calculez les taux de croissance du PIB entre 2019 et 2022 pour la Chine, la France et le Japon. Que constatez-vous ?
3. Indiquez ce que signifie un taux de croissance du PIB négatif.
4. Comparez votre classement initial à celui du PIB par habitant en 2022. Qu'en concluez-vous ?

B Les limites du PIB comme indicateur de richesse

DOCUMENT 9 Le PIB, un indicateur contesté

Le PIB est l'indicateur le plus utilisé pour mesurer la croissance et effectuer des comparaisons internationales. [...] Pour autant, cet indicateur est souvent contesté. On lui reproche notamment de ne pas prendre en compte toute l'activité économique et d'exclure le travail bénévole réalisé au sein du secteur associatif et le travail personnel (ménage réalisé sans recours à des personnes tierces, bricolage, jardinage...). En outre, il n'intègre pas les données sociales, environnementales ni le bien-être des individus. C'est notamment sur ce point qu'il a été le plus décrié puisque la mesure du bien-être de la population ne peut pas être uniquement appréhendée par une comptabilisation des richesses créées surtout lorsqu'il s'agit de mesurer la pauvreté ou encore les inégalités sociales.
D'autres indicateurs ont alors été développés comme l'Indice de développement humain (IDH). Cet indicateur prend en compte l'espérance de vie, le niveau d'éducation et le PIB par habitant pour évaluer le bien-être collectif d'un pays et va donc au-delà de la simple mesure de la production économique. L'IDH varie de 0 (plus faible développement) à 1 (plus fort développement).

www.lafinancepourtous.com, 21 janvier 2022.

Comparaison de l'IDH et du PIB par habitant

	Rang IDH	Rang PIB
Suisse	1	6
Norvège	2	8
Islande	3	14
Hong Kong	4	10
Australie	5	23
Liechtenstein	16	1
Luxembourg	17	4
États-Unis	21	7
Qatar	42	3
Cuba	83	120

Source : PNUB, 2021.

1. Relevez les activités et les données non comptabilisées dans le PIB.
2. Indiquez quels sont les critères pris en compte dans l'IDH.
3. Comparez le classement des pays selon le PIB par habitant et selon l'IDH. Que constatez-vous ?
4. Expliquez en quoi le PIB est un indicateur contestable.

DOCUMENT 10 Les indicateurs du développement durable

Si le PIB demeure l'indicateur économique majeur, la prise de conscience des risques environnementaux et de la rareté des ressources naturelles a conduit au développement de nouveaux indicateurs tenant compte de ces dégradations. Une première série de travaux a cherché à définir un « PIB vert » afin de compléter le PIB qui ignore les impacts négatifs de certaines activités. [...] D'autres indicateurs, non monétaires, ont été plus récemment élaborés avec notamment l'empreinte écologique. Celle-ci désigne, pour une population donnée, la surface de la planète exprimée en hectares, dont cette population dépend compte tenu du volume de sa consommation et des surfaces nécessaires pour produire les ressources comme pour absorber les déchets générés. Ce type de mesure indique, par exemple, que si tous les habitants de la planète avaient le niveau de vie des Américains, il faudrait plus de cinq planètes pour y faire face, sur la base des techniques actuelles de production et de consommation. [...] Avec ces nouveaux indicateurs se développe la notion de seuils d'irréversibilité au-delà desquels la dégradation du capital naturel ne peut être ni réparée ni compensée par des investissements.

Jean-Yves Capul, Olivier Garnier, *Dictionnaire SES*, Hatier, 2020.

1. Définissez la notion d'empreinte écologique.
2. Expliquez l'expression soulignée.

Préparer sa synthèse

1. Rappelez ce que mesure le PIB et comment se calcule son taux de croissance.
2. Présentez les principales critiques faites au PIB.
3. Citez quelques indicateurs qui complètent le PIB.

Activités

1 Se tester

QCM INTERACTIF
Testez-vous !
www.lienmini.fr/10749exo5

Répondez par vrai ou faux aux affirmations suivantes puis justifiez vos réponses.

1. **La valeur ajoutée et le chiffre d'affaires d'une entreprise sont des notions équivalentes.**
2. **La valeur ajoutée mesure la richesse créée par une économie.**
3. **Les achats réalisés pour produire un bien ou un service s'appellent des consommations intermédiaires.**
4. **Le PIB se calcule en faisant la somme des valeurs ajoutées des entreprises nationales.**
5. **La croissance économique correspond à l'augmentation du PIB d'une année sur l'autre.**
6. **Le taux de croissance du PIB ne peut pas être négatif.**
7. **Le ménage, le jardinage ou le bricolage sont des activités intégrées dans le calcul du PIB.**
8. **La production non marchande se calcule à partir des coûts de production.**
9. **L'IDH est un indicateur qui tient compte du niveau d'instruction, du niveau de santé et du revenu par habitant d'un pays.**
10. **L'empreinte écologique mesure la pression qu'exerce l'homme sur la nature.**

2 Analyser un tableau et construire un graphique

Taux de croissance du PIB réel dans l'Union européenne

Année	Taux de croissance
2012	- 0,40
2013	0,30
2014	1,87
2015	2,44
2016	2,10
2017	2,68
2018	2,13
2019	2,01
2020	- 6,09
2021	5,24
2022	3,23

Source : Statista, 2023.

1. Définissez la notion de PIB réel.
2. Rappelez la formule de calcul du taux de croissance du PIB.
3. Construisez un graphique en courbe représentant le taux de croissance du PIB réel dans l'Union européenne de 2012 à 2022.
4. Commentez l'évolution de ce taux de croissance du PIB.

3 Comprendre une notion à l'aide d'une vidéo

1. À l'aide de la vidéo, indiquez quelles sont les composantes de l'empreinte écologique.
2. Expliquez pourquoi la Chine a l'empreinte écologique la plus importante au monde.
3. Consultez le site de data.footprintnetwork.org et commentez l'évolution de l'empreinte écologique de la France depuis 2007.

VIDÉO
Quelle est l'empreinte écologique de votre pays ?
www.lienmini.fr/10749empreinte
1:30

4 Travailler la méthode : lire et analyser des textes

→ Voir FICHE MÉTHODE 1

Le PIB, un outil transparent ou dépassé ?

Florence Jany-Catrice, économiste et professeure d'économie à l'université de Lille :
Les indicateurs ne sont ni bons, ni mauvais en eux-mêmes. Tout dépend de leurs usages. La mise en place du PIB, au lendemain de la Seconde Guerre mondiale, avait pour objectif d'accompagner les politiques de reconstruction des nations dévastées, sur une base industrielle et marchande. Les choses ont commencé à se détériorer mondialement lorsque la croissance économique est devenue non plus un moyen mais une fin. Lorsqu'elle a été voulue pour elle-même. Il est désormais urgent de prendre de la distance avec la croissance et son indicateur : le PIB. Les politiques économiques fondées sur des modèles hyperproductivistes ont une responsabilité envers le changement climatique, la pollution de l'air ou encore des pertes irréversibles de biodiversité.
Les enjeux sociopolitiques de ce début de XXIe siècle, en particulier les questions environnementales, la réduction des inégalités sociales et la préservation de la démocratie, nécessitent l'élaboration d'autres indicateurs qui accompagneront des politiques publiques profondément renouvelées.

Il existe déjà de très nombreux indicateurs, tels que des seuils à ne pas dépasser, des indicateurs d'émissions de gaz à effet de serre, des empreintes carbone, des indices de biodiversité, mais aussi des indicateurs d'inégalités sociales, de santé sociale, de bien-être territoriaux. Les questions écologiques et sociales sont visibles. Il faut maintenant du courage politique pour qu'elles soient placées très haut dans les agendas politiques.

Cécile Bertrand, www.la-croix.com, 8 mars 2020.

Le PIB, un indicateur soutenable ?

D'un point de vue technique, le PIB peut être défini comme un indicateur composite mesurant une activité économique commercialisable et monétisée. Il utilise la monétisation de la valeur de ses composants au prix du marché et l'imputation de la valeur de ceux qui ne sont pas vendus sur les marchés pour agréger de nombreuses dimensions de l'activité économique, certaines positives (nutrition, santé, éducation, protection de l'environnement), d'autres négatives (dépenses en armement ou à destination des prisons – parfois qualifiées de dépenses « regrettables »). <u>En combinant ces éléments positifs et négatifs, le PIB non seulement brouille le tableau social, mais masque des dynamiques cruciales en termes de bien-être et de soutenabilité, puisqu'il entretient l'illusion qu'il mesure tout ce qu'il est utile de mesurer et que chacune de ses composantes se porte bien, car leur somme cumulée augmente.</u> Le PIB est ainsi confondu avec le bien-être et même la soutenabilité, alors que, en réalité, il ne nous aide en rien à les comprendre ni à les améliorer.

Éloi Laurent, *Sortir de la croissance, mode d'emploi*, Les liens qui libèrent, 2019.

1. Relevez les différents indicateurs cités dans le premier texte en complément du PIB.
2. Recherchez ce qu'est l'empreinte carbone.
3. Expliquez la phrase soulignée dans le second texte.
4. Présentez les arguments qui permettent de répondre à la question suivante : Le PIB est-il un indicateur pertinent et suffisant ?

L'essentiel en schéma

SKETCHNOTE
www.lienmini.fr/10749sk5

1 Comment mesurer la production ?

Valeur ajoutée → Mesure la richesse créée par chaque agent économique
- → Valeur ajoutée marchande = production – consommations intermédiaires
- → Valeur ajoutée non marchande = coût de production du service produit non marchand

La somme des valeurs ajoutées détermine :

Produit intérieur brut (PIB) → Indicateur de l'activité économique d'un pays et mesure de sa richesse → PIB = PIB marchand + PIB non marchand

2 Quels sont l'intérêt et les limites de la mesure de la richesse nationale par le PIB ?

La variation du PIB indique le **taux de croissance du PIB** → Mesure la croissance économique d'un pays → Taux de croissance du PIB entre l'année n-1 et l'année n = [(PIBn – PIBn-1) / PIBn-1] × 100
- En valeur (il intègre les variations de prix)
- En volume (il n'intègre pas les variations de prix)

Mais

Le PIB est un indicateur d'activité économique qui connaît des limites.
- → Il exclut les activités domestiques, les activités bénévoles, les activités souterraines.
- → Il comptabilise toutes les activités y compris celles qui constituent un coût pour la société (traitement des déchets, dépollution…).
- → Il ne dit rien sur le bien-être d'une société, ni sur le caractère soutenable de ce bien-être.

D'autres indicateurs complètent le PIB :
- **l'IDH**
- **l'empreinte écologique**
- **l'empreinte carbone**

MOTS CLÉS

VOIR LEXIQUE P. 138

- Valeur ajoutée
- Production marchande
- Production non marchande
- PIB
- Taux de croissance du PIB ou croissance économique
- Indice de développement humain
- Empreinte écologique
- Empreinte carbone

CHAPITRE 6

La dynamique de la répartition des revenus

THÈME 2
Comment la richesse se crée-t-elle et se répartit-elle ?

Notions abordées

- Les revenus primaires : les revenus du travail, les revenus du capital, les revenus mixtes
- Le partage de la valeur ajoutée entre les différents agents économiques
- La valeur ajoutée brute par secteur institutionnel
- L'imposition sur le revenu
- Les prélèvements obligatoires

Pour être capable

- De distinguer les revenus en fonction de leur origine.
- De comprendre qu'un individu ou un groupe d'individus peut être rémunéré du fait de son travail, de ses connaissances, diplômes, de ses qualifications et de sa détention de capital (épargne, logement, entreprise) et que, donc, son revenu va être mixte.
- D'analyser l'évolution du partage de la valeur ajoutée à partir d'un graphique.

- Discutez de la justesse de l'affirmation des salariés sur la banderole.

LANCER LA SÉANCE

VIDÉO EN QUESTIONS

La valeur ajoutée et son partage
www.lienmini.fr/10749va

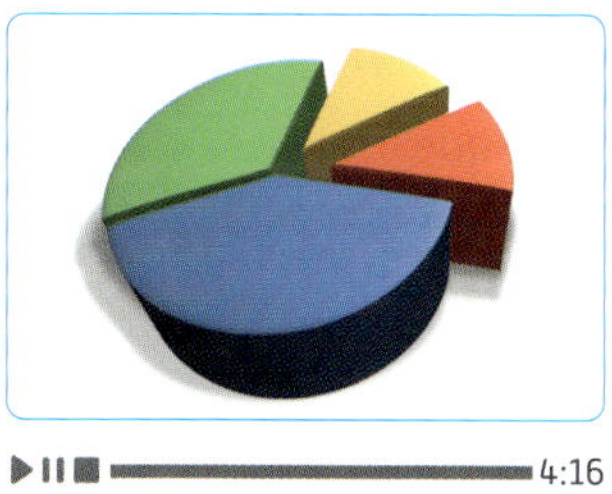

1. Définissez la valeur ajoutée.
2. Repérez les agents économiques qui bénéficient de la valeur ajoutée.

1 Quels sont les revenus primaires ?

DOCUMENT 1 Les différents types de revenus primaires

Le revenu [peut] s'analyser comme la somme du revenu du travail et du revenu du capital. Les revenus du travail comprennent notamment les salaires. Pour être tout à fait exact, les revenus du travail comprennent également les revenus du travail non salarié [...]. Les revenus du capital comprennent eux aussi différentes formes : ils regroupent l'ensemble des revenus reçus au titre de la propriété du capital, indépendamment de tout travail, et quel que soit leur intitulé juridique formel (loyers, dividendes, intérêts, royalties, profits, plus-values, etc.).

Thomas Piketty, *Le Capital au XXIe siècle*, Seuil, 2013.

1. À l'aide du document et de la définition, précisez les trois types de revenus primaires que peuvent percevoir les ménages.
2. Donnez des exemples de revenus du capital.
3. Les revenus du travail non salarié s'apparentent-ils à des revenus mixtes ? Justifiez votre réponse.

DÉFINITION

Revenu mixte : solde du compte d'exploitation pour les entreprises individuelles. Il contient deux éléments indissociables : la rémunération du travail effectué par le propriétaire et éventuellement les membres de sa famille, et son profit en tant qu'entrepreneur.

A Les revenus du travail

DOCUMENT 2 La répartition des salaires mensuels nets en 2020

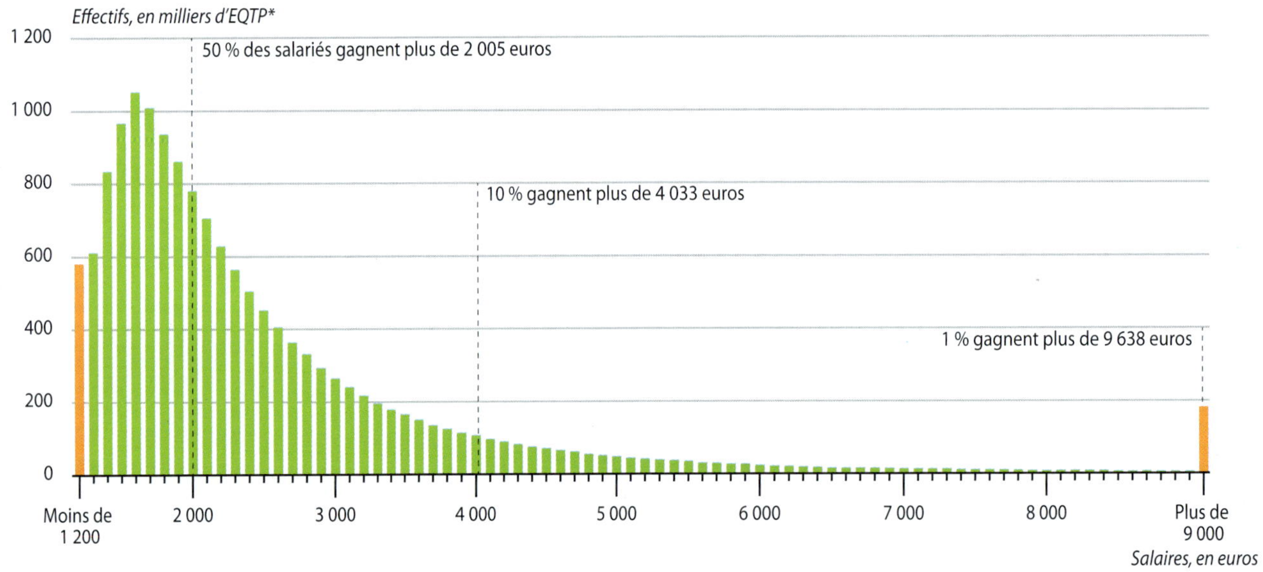

*EQTP : équivalent temps plein.

Source : Insee Première n° 1 898, 26 avril 2022.

1. Relevez le salaire mensuel net médian en 2020.
2. Rédigez un argument montrant que les rémunérations salariales sont inégales.
3. Cherchez des explications aux disparités salariales.

DÉFINITION

Salaire : rémunération allouée au travailleur lié à un employeur par un contrat de travail. Le salaire comprend le salaire de base, les primes et les heures supplémentaires. Le **salaire brut** est le salaire calculé avant les cotisations sociales salariales. Le **salaire net** est le salaire après déduction des cotisations sociales salariales.

DOCUMENT 3 Les salaires moyens en 2020 (en euros)

	Salaires bruts mensuels*	Salaires nets mensuels*	Salaires nets horaires*
Cadres	5 790	4 341	28,3
Professions intermédiaires	3 233	2 459	16,0
Employés	2 300	1 785	11,6
Ouvriers	2 381	1 855	12,0
Femmes	2 992	2 280	14,9
Hommes	3 519	2 689	17,4
Industrie	3 691	2 773	17,9
Construction	2 949	2 275	14,9
Tertiaire	3 246	2 485	16,1
Ensemble	3 300	2 518	16,3

* En équivalent temps plein.

Source : Insee Première n° 1 898, 26 avril 2022.

1. Comparez les salaires moyens entre les différentes catégories professionnelles.
2. Comparez les salaires des femmes avec ceux des hommes.
3. Rédigez un commentaire du tableau à partir de vos observations.

B Les revenus du capital et de la propriété

DOCUMENT 4 Les différents types de revenus du capital et de la propriété

Les revenus du capital	Les revenus de la propriété
Dividende : somme versée à titre de revenus par une entreprise à ses actionnaires.	**Loyer :** revenu versé par le locataire d'un appartement, d'une maison ou d'un local commercial. Le fermage est le nom donné au loyer d'une terre agricole.
Intérêt : revenu qui rémunère l'épargne détenue par les ménages (livret A, CEL, obligations).	

- Recherchez le taux d'intérêt du livret A, puis calculez le montant des intérêts annuels pour une épargne de 4 500 euros.

C Les différents types de revenus perçus par les ménages

DOCUMENT 5 La composition du revenu moyen selon le type de ménages en 2019 (en %)

La personne de référence du ménage a moins de 65 ans

	Personnes seules	Familles monoparentales	Couples sans enfant	Couples avec enfant(s)	Autres types de ménages
Revenus d'activité	95,1	82,0	98,3	102,9	86,3
Pensions et retraites	9,4	5,1	13,8	1,7	12,9
Revenus du patrimoine	7,0	5,9	7,8	6,1	6,5
Prestations sociales	7,8	20,2	1,8	6,7	10,7
Impôts directs	- 19,1	- 13,1	- 21,4	- 17,2	- 16,1
Ensemble	100	100	100	100	100

Source : Insee, 5 octobre 2021.

1. Repérez les revenus primaires des ménages.
2. Rédigez une phrase avec « 95,1 % » et « 7,0 % ».
3. Indiquez la principale source de revenus des ménages.

Préparer sa synthèse

- Listez les différents types de revenus primaires perçus par les ménages.

2 Comment se partage la valeur ajoutée ?

A La valeur ajoutée brute par secteur institutionnel et par branche

DOCUMENT 6 La valeur ajoutée brute par secteur institutionnel

Répartition en %

	1995	2000	2005	2015	2019	2020	Prix courants 2020 (en milliards d'euros)
Sociétés non financières	55,5	56,2	56,8	57,0	58,7	56,9	1168,3
Sociétés financières	4,7	5,0	4,4	4,9	4,2	4,2	85,5
Administrations publiques	18,9	18,1	18,1	18,5	17,9	19,2	393,7
Entrepreneurs individuels (EI)	9,8	9,3	8,6	6,6	6,3	6,1	125,6
Ménages (hors EI)*	9,7	9,9	10,6	11,3	11,2	11,9	243,6
Institutions sans but lucratif au service des ménages	1,4	1,5	1,5	1,8	1,7	1,8	37,6
Ensemble de l'économie	100,0	100,0	100,0	100,0	100,0	100,0	2054,3

* Y compris les loyers imputés au sens de la comptabilité nationale.

Source : Insee Références, 1er décembre 2021.

1. Rédigez une phrase avec les mots suivants : « entrepreneurs individuels », « 9,8 % », « 6,1 % » et « 125,6 milliards d'euros ».
2. Indiquez le poids de chaque secteur institutionnel dans la valeur ajoutée brute.

DÉFINITION

Les **secteurs institutionnels** regroupent les unités institutionnelles ayant des comportements économiques similaires caractérisés par leur fonction principale et la nature de leur activité. On distingue **5 secteurs** institutionnels résidents : les sociétés non financières, les sociétés financières, les administrations publiques, les ménages (y compris les entreprises individuelles), les institutions sans but lucratif au service des ménages.

DOCUMENT 7 La valeur ajoutée brute par branche en 2020 (en %)

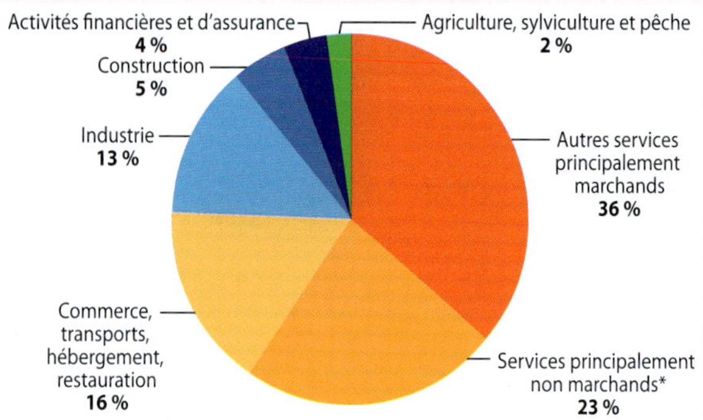

*Administrations publiques, enseignement, santé humaine et action sociale.

Source : Insee Références, 1er décembre 2021.

DÉFINITION

Valeur ajoutée : richesse créée par une unité productive. Elle correspond à la différence entre la production et les consommations intermédiaires pour le secteur marchand. Pour le secteur non marchand, elle est égale au coût de production estimé.

3. Évaluez le poids des services dans la valeur ajoutée brute en 2020.

B Le partage de la valeur ajoutée entre les agents économiques

DOCUMENT 8 Le partage de la valeur ajoutée à prix courants (en %)

	2000	2010	2020
Rémunération des salariés	56,7	57,8	58,2
Salaires bruts	41,6	42,7	43,6
Cotisations sociales patronales	15,1	15,1	14,6
Excédent brut d'exploitation	31,9	32,4	32,7
Impôts sur la production	4,5	4,6	5,9
Subvention d'exploitation	-1,0	-1,6	-3,0
Revenu mixte brut des entrepreneurs individuels (EI)	7,9	6,8	6,2
Ensemble	100	100	100

Source : Insee Références, 1er décembre 2021.

1. Décrivez l'évolution de la part de la valeur ajoutée consacrée à la rémunération des entrepreneurs individuels.
2. Évaluez dans la valeur ajoutée le poids de la rémunération des salariés et celui de l'excédent brut d'exploitation.

DOCUMENT 9 L'excédent brut d'exploitation (EBE)

L'excédent brut d'exploitation des entreprises est redistribué sous trois formes principales :
- une part va au paiement de l'impôt sur les sociétés ;
- une part sert à payer les intérêts des emprunts contractés dans le passé ;
- une part rémunère directement les propriétaires du capital.

Ce qui reste après l'ensemble de ces paiements est qualifié d'épargne. L'épargne peut alimenter soit la trésorerie, soit autofinancer les investissements nouveaux. L'entreprise peut investir au-delà de son niveau d'épargne en faisant de nouveaux emprunts.

Jean-Philippe Cottis, *Partage de la valeur ajoutée, partage des profits et écart de rémunération en France*, Insee.

1. Réalisez un schéma précisant la redistribution de l'excédent brut d'exploitation.
2. Justifiez l'importance de l'épargne (ou autofinancement) des entreprises pour la croissance économique.

Préparer sa synthèse

1. Citez les secteurs institutionnels qui contribuent à la valeur ajoutée.
2. Indiquez les bénéficiaires du partage de la valeur ajoutée.
3. Précisez l'utilisation de l'excédent brut d'exploitation.

3 Comment passe-t-on du revenu primaire au revenu disponible des ménages ?

DOCUMENT 10 Le revenu disponible brut (RDB) des ménages

Au niveau de la Nation, la masse des ressources disponibles de l'ensemble des ménages est mesurée par le revenu disponible brut (RDB) des ménages. Ce dernier prend en compte l'ensemble des revenus d'activité et de la propriété (le revenu primaire des ménages) duquel on soustrait les prélèvements obligatoires (impôts et cotisations) et auquel on ajoute les prestations sociales. Le RDB reste à la disposition des ménages pour la consommation et l'épargne.

www.insee.fr

● Indiquez comment se calcule le RDB à partir du revenu primaire des ménages.

A L'imposition du revenu des ménages

DOCUMENT 11 Évolution du montant total de l'impôt sur le revenu et effectifs de foyers fiscaux depuis 2011

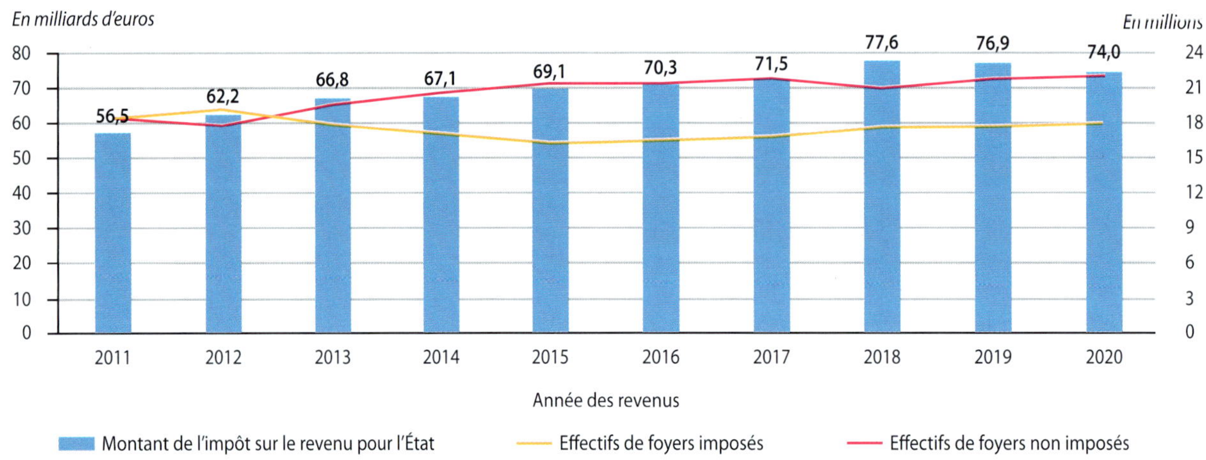

Source : DGIP Statistiques, n° 7, mai 2022.

1. Comparez le nombre de foyers imposés et le nombre de foyers non imposés à l'impôt sur le revenu.
2. Indiquez une raison de la baisse du montant de l'impôt sur le revenu en 2020.
3. Décrivez l'évolution du montant de l'impôt sur le revenu.

DOCUMENT 12 L'impôt sur les revenus perçus en 2020

L'impôt sur le revenu s'élève à 74 milliards d'euros. [...] Le montant total des revenus déclarés atteint 1 238 milliards d'euros, parmi lesquels plus de 62 % sont des traitements et salaires. [...] Quatre foyers sur dix disposent d'un revenu fiscal de référence mensuel, rapporté à leur nombre de parts fiscales, inférieur à 1 000 euros, alors qu'un sur dix perçoit plus de 2 500 euros par mois et par part. Ces inégalités sont prises en compte dans le calcul de l'impôt : parmi l'ensemble des foyers, les 10 % les plus modestes perçoivent en moyenne 28 euros tandis que les 10 % les plus aisés sont redevables de 13 800 euros au titre de l'impôt sur le revenu.

Source : DGIP Statistiques, n° 7, mai 2022.

1. Recherchez sur le site www.service-public.fr le barème de l'impôt sur le revenu.
2. Montrez que l'impôt sur le revenu permet de réduire les inégalités de revenu.

B Les prélèvements obligatoires

DOCUMENT 13 Le poids des prélèvements obligatoires en France de 1960 à 2021

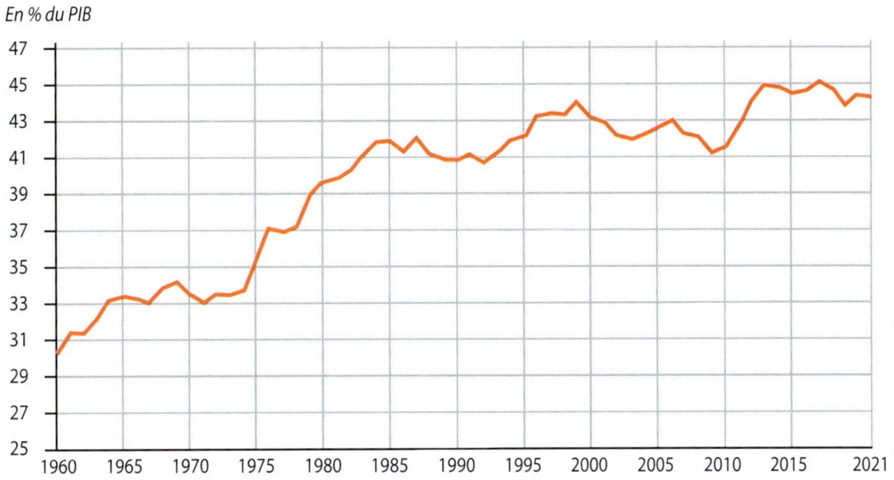

Source : Insee, 31 mai 2022.

DÉFINITION

Prélèvements obligatoires : impôts et cotisations sociales effectives reçues par les administrations publiques et les institutions européennes.

● Décrivez l'évolution des prélèvements obligatoires depuis 1960 au regard du PIB.

DOCUMENT 14 Le taux de prélèvements obligatoires en France et dans la zone euro

Le taux des prélèvements obligatoires (PO) en France en 2021 (47 % du PIB selon Eurostat) était supérieur de 4,8 points à la moyenne de la zone euro. Cet écart était de 5,9 points en 2020 et a donc diminué de 1,1 point.
Les impôts sur la production, qui forment un ensemble hétérogène, restaient la principale source d'écart entre les taux de PO en France et dans la zone euro en 2021 avec une contribution de 2,2 points, qui est toutefois nettement inférieure à celle de 2020 (2,8 points).
Le poids des cotisations sociales a nettement diminué en France ces dernières années, mais il était encore supérieur de 1,3 point à la moyenne de la zone euro en 2021. En particulier, le poids des seules cotisations patronales restait supérieur de 2,2 points à cette moyenne européenne.
Si le poids de la TVA en France était seulement un peu plus élevé que la moyenne de la zone euro en 2021 (de 0,2 point de PIB), celui des autres impôts sur la consommation (carburants, tabacs, alcools…) lui était supérieur de 1 point.
Le poids des impôts sur les revenus des ménages (CSG et autres prélèvements sociaux inclus) a augmenté en France avec la hausse de la CSG de 2018 et il était en 2021 de 9,4 % du PIB, soit un taux proche de la moyenne européenne (9,7 % du PIB). L'impôt sur le revenu au sens strict reste cependant bien plus faible en France (3,3 % du PIB).
Le poids de l'impôt sur les sociétés en France en 2021 (2,9 % du PIB) était égal à la moyenne de la zone euro alors qu'il lui était supérieur de 0,4 point en 2020.
Au total, si la France est restée en 2021 au premier rang de la zone euro (et au deuxième de l'Union européenne) pour le taux de ses prélèvements obligatoires, l'écart entre celui-ci et le taux moyen de la zone euro s'est réduit de 1,1 point, surtout du fait de la baisse des impôts sur la production (0,6 point) et de l'impôt sur les sociétés (0,4 point).

François Ecalle, www.fipeco.fr, 1er novembre 2022.

DÉFINITION

Taux de prélèvements obligatoires : rapport exprimé en pourcentage entre les prélèvements obligatoires et le PIB.

1. Relevez le taux de prélèvements obligatoires en France en 2021.
2. Listez l'ensemble des prélèvements obligatoires en France.
3. Présentez la situation de la France au regard des prélèvements obligatoires par rapport à la zone euro et/ou les pays de l'Union européenne.

Préparer sa synthèse

1. Indiquez comment on passe du revenu primaire au revenu disponible des ménages.
2. Expliquez pourquoi l'impôt sur le revenu est un impôt progressif.

Activités

1 Se tester

QCM INTERACTIF
Testez-vous !
www.lienmini.fr/10749exo6

Répondez par vrai ou faux aux affirmations suivantes puis justifiez vos réponses.

1. **Les seuls revenus perçus par les ménages sont des salaires.**

2. **50 % des salariés perçoivent moins de 2 005 euros nets mensuels.**

3. **Le loyer est un revenu mixte.**

4. **L'essentiel de la valeur ajoutée est produit par les sociétés financières.**

5. **Les salariés perçoivent moins de 60 % de la valeur ajoutée.**

6. **La totalité de l'excédent brut d'exploitation (EBE) sert à autofinancer les investissements.**

7. **En 2020, le nombre de foyers non imposés à l'impôt sur le revenu est supérieur à celui des foyers imposés.**

8. **Le taux de prélèvements obligatoires en France a augmenté chaque année de 1990 à 2021.**

9. **Le taux de prélèvements obligatoires en France est inférieur à celui de la zone euro et à celui de l'Union européenne.**

10. **Les ouvriers ont en moyenne un salaire plus élevé que les employés.**

2 S'entraîner à l'oral

Lisez le texte, puis constituez deux groupes : un groupe partisan de la doctrine du bénéfice et un groupe partisan de la doctrine des facultés contributives. Chaque groupe est chargé de trouver des arguments pour convaincre du bien-fondé de sa position.

La question de la justice fiscale

Pour les tenants de la doctrine du bénéfice, il doit y avoir une équivalence entre la charge fiscale supportée par le contribuable et les avantages qu'il retire de l'action publique, ce qui conduit à rechercher le « prix fiscal » d'un service public en assimilant les biens publics aux biens privés. Or ce qui distingue un bien public d'un bien privé, c'est qu'on ne peut exclure personne de sa consommation : la fonction de protection assurée par un gouvernement bénéficie à chacun quelle que soit sa contribution aux ressources. Comme le souligne l'économiste britannique John Stuart Mill dans sa critique de la théorie des bénéfices, les pauvres ont probablement plus besoin de cette protection que les riches. La doctrine du bénéfice devrait donc avoir pour conséquence qu'ils acquittent une plus grande part du prix fiscal, ce qui est à l'opposé de l'idée de justice distributive.

Pour les tenants de la doctrine des facultés contributives, au contraire, l'impôt n'est pas lié aux avantages que retirent les citoyens de l'action publique, mais aux facultés qu'ils ont d'y contribuer par leur revenu ou par les biens dont ils disposent : la justice fiscale est l'égalité dans la contribution de chacun en fonction de ses facultés.

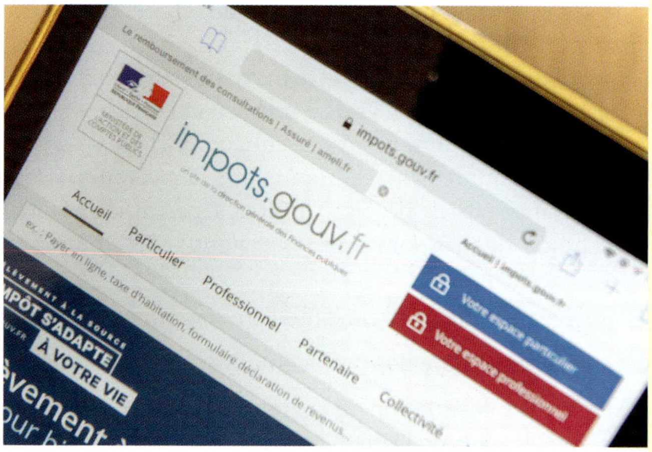

Pierre-Alain Muet, *Un impôt juste, c'est possible !*, © Éditions du Seuil, 2018.

3 Travailler la méthode : lire et analyser un graphique

→ Voir FICHE MÉTHODE 3

La part de la rémunération dans la valeur ajoutée des sociétés non financières en France

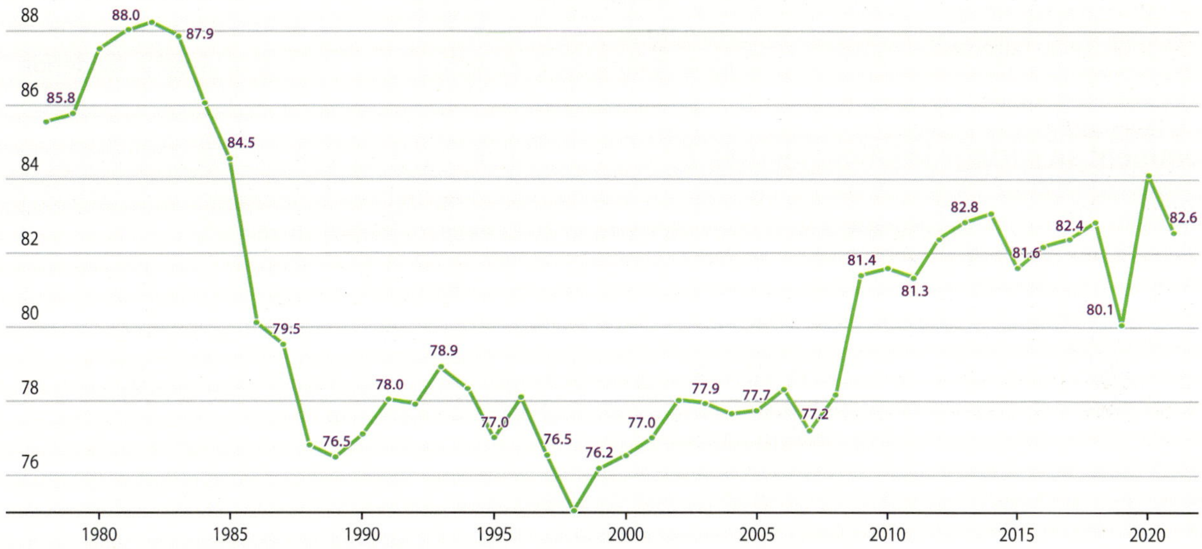

Source : OCDE.

Comment expliquer la déformation du partage de la valeur ajoutée ?

Le progrès technologique, du fait de l'automatisation de nombreuses tâches ou du développement de l'intelligence artificielle par exemple, entraînerait une « course entre l'homme et la machine ». [...] Le progrès technologique fait baisser le prix de l'investissement (des machines) relativement aux prix à la consommation, ce qui incite les entreprises à remplacer du travail par du capital, et accumuler ainsi plus de capital productif. Une deuxième explication souligne l'utilisation croissante, dans la production, d'actifs immatériels tels que les brevets, la recherche et développement, ou encore les logiciels. [...]

Ces deux explications technologiques s'attachent surtout à expliquer l'accumulation croissante du capital productif. Or l'augmentation de la part des revenus du capital dans la valeur ajoutée (et son corollaire, la baisse de la part des revenus du travail) s'explique surtout par une augmentation de la part des profits, ou plus généralement du rendement du capital. Les profits sont ce qui reste de la valeur ajoutée après déduction des rémunérations du travail (ce qui donne l'excédent brut d'exploitation), déduction du remplacement du capital usé (on obtient ainsi l'excédent net d'exploitation), et une fois payé l'ensemble des charges, intérêts sur les dettes et impôts (le solde correspond au compte du revenu d'entreprise, l'équivalent dans la comptabilité nationale des profits courants avant distribution). Ces profits sont utilisés pour payer les actionnaires (sous forme de dividendes et de rachats d'actions) ou peuvent aussi être réinvestis à l'étranger, investis dans les moyens de production ou encore mis en réserve.

Sophie Piton, www.ses.ens-lyon.fr

1. Décrivez l'évolution de la part de la rémunération dans la valeur ajoutée en France de 1980 à 2021.
2. Présentez le partage de la valeur ajoutée entre les agents économiques.
3. Expliquez le rôle du progrès technique dans la modification de la combinaison productive.
4. Présentez les arguments qui permettent de répondre à la question suivante :
   Les profits grignotent-ils les salaires ?

L'essentiel en schéma

SKETCHNOTE
www.lienmini.fr/10749sk6

1 Quels sont les revenus primaires ?

Revenu du travail
Salaires ou traitements

Revenu mixte
Revenu du propriétaire d'une entreprise individuelle

Revenu du capital ou de la propriété
Loyer, intérêt, dividende

2 Comment se partage la valeur ajoutée ?

Les revenus sont issus du partage de la valeur ajoutée entre :

- Salariés
- Propriétaires des entreprises individuelles
- Entreprise qui perçoit l'EBE
  - Intérêts des emprunts versés aux banques
  - Impôt sur les bénéfices versé à l'État
  - Dividendes versés aux actionnaires
  - Reste à l'entreprise pour investir, rembourser ses emprunts ou augmenter sa trésorerie
- État qui perçoit des impôts sur la production

3 Comment passe-t-on du revenu primaire au revenu disponible des ménages ?

L'État mène une politique de redistribution des revenus au moyen :

- Des prélèvements obligatoires
- Des prestations sociales ou revenus de transfert

Revenu disponible des ménages = Revenus primaires des ménages − Prélèvements obligatoires + Prestations sociales

MOTS CLÉS

VOIR LEXIQUE P. 138

- Revenus primaires
- Revenus du travail
- Revenu mixte
- Revenus du capital ou de la propriété
- Loyer
- Dividende
- Intérêt
- Valeur ajoutée
- Excédent brut d'exploitation
- Secteur institutionnel
- Prélèvements obligatoires

Pour réviser le THÈME 2 → ENTRAÎNEMENT p. 130

CHAPITRE 7

L'arbitrage entre consommation et épargne

THÈME 3
Comment les ménages décident-ils d'affecter leur revenu ?

Notions abordées

- Les déterminants de l'épargne et de la consommation
- La propension à consommer
- Le taux d'épargne
- Le patrimoine

Pour être capable

- D'identifier les déterminants de la consommation.
- D'identifier les déterminants de l'épargne.
- De montrer le lien entre épargne, revenu et patrimoine.
- De calculer et interpréter les propensions moyenne et marginale à consommer et à épargner.
- D'interpréter un tableau statistique des répartitions du revenu et du patrimoine.

La hausse des prix inspire les dessinateurs de presse.

1. Quels sont les agents économiques dont la fonction principale est de consommer ?
2. Expliquez la décision du couple au retour du supermarché sur le dessin de presse.

LANCER LA SÉANCE

VIDÉO EN QUESTIONS

C'est quoi la consommation ?
www.lienmini.fr/10749conso

1. Citez les différentes catégories de biens consommés.
2. Reliez la notion de travail à celle de consommation.
3. L'État joue-t-il un rôle dans la consommation des ménages ?

1 Quel est l'arbitrage du revenu disponible des ménages ?

A Le revenu disponible des ménages se partage entre la consommation et l'épargne

DOCUMENT 1 Les revenus et les dépenses d'une étudiante

En septembre, Lilia a fait sa rentrée en IUT. Elle a préparé consciencieusement son budget annuel car elle envisage de s'offrir une semaine de vacances à Londres en fin d'année scolaire et se demande si ce projet est réalisable avec toutes les dépenses auxquelles elle doit faire face.

Frais liés à la scolarité	400 €
Bourses étudiantes	0 €
Loyer (résidence universitaire)	4 000 €
Courses alimentaires	800 €
Aide au logement	2 600 €
Loisirs (cinéma, sport, sorties...)	300 €
Abonnements divers (Internet, téléphone, électricité, transport...)	500 €
Job étudiant les week-ends et les vacances d'été	3 900 €

D'après www.letudiant.fr

DÉFINITION

Les **dépenses de consommation finale** des ménages comprennent les dépenses effectivement réalisées par les ménages résidents pour acquérir des biens et des services destinés à la satisfaction de leurs besoins.

1. Déterminez le revenu disponible de Lilia pour cette année scolaire.
2. Relevez les dépenses de consommation de l'étudiante en distinguant la consommation de biens et la consommation de services.

DOCUMENT 2 Consommation et épargne

• La **propension à consommer** mesure la part du revenu qui est affectée à la consommation. On distingue :
– la **propension moyenne à consommer** qui se calcule par le rapport entre la consommation et le revenu à un moment donné soit C/R ;
– la **propension marginale à consommer** qui se calcule par le rapport entre la variation de la consommation et la variation du revenu soit ΔC/ΔR.
• La **propension à épargner** mesure la part du revenu qui est affectée à l'épargne. On distingue :
– la **propension moyenne à épargner** qui se calcule par le rapport entre l'épargne et le revenu à un moment donné soit E/R ;
– la **propension marginale à épargner** qui se calcule par le rapport entre la variation de l'épargne et la variation du revenu soit ΔE/ΔR.
La somme de la propension à consommer et à épargner est égale à 1.

A. Beitone, A. Cazorla, E. Hemdane, *Dictionnaire de science économique*, © Dunod, 2019 pour la 6e édition.

DÉFINITION

Épargne : part non consommée du revenu disponible dont le but est de satisfaire des besoins futurs.

1. Calculez si Lilia pourra financer son projet de voyage à la fin de son année scolaire.
2. Calculez sa propension moyenne à épargner puis sa propension moyenne à consommer. Pourquoi leur somme doit-elle être égale à 1 ?
3. L'année suivante, Lilia poursuit ses études en alternance. Elle perçoit 11 500 € de revenus annuels et ses dépenses de consommation s'élèvent à 8 500 €. Les propensions moyennes à consommer et à épargner ont-elles évolué ? Justifiez votre réponse par des calculs.
4. La hausse des revenus de Lilia a-t-elle favorisé davantage l'augmentation de la consommation ou de l'épargne ? Pour répondre, déterminez les propensions marginales à consommer et à épargner.

B Les motifs et les formes d'épargne

DOCUMENT 3 Pourquoi épargner ?

Banque de France, *ABC de l'économie*, EDUCFI.

VIDÉO
L'épargne des ménages
www.lienmini.fr/10749epargne
3:19

● Présentez les différents motifs de l'épargne.

DOCUMENT 4 Quelles sont les formes d'épargne ?

Traditionnellement, on distingue **l'épargne financière** (PEL, assurance-vie, livret A…) et **l'épargne non financière** (immobilier).

DÉFINITION
Patrimoine : somme des actifs détenus.

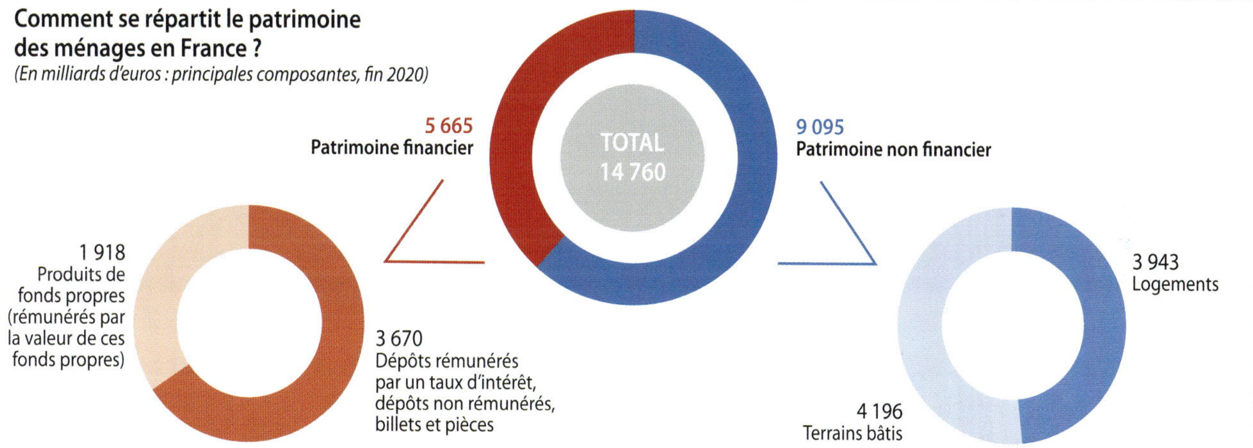

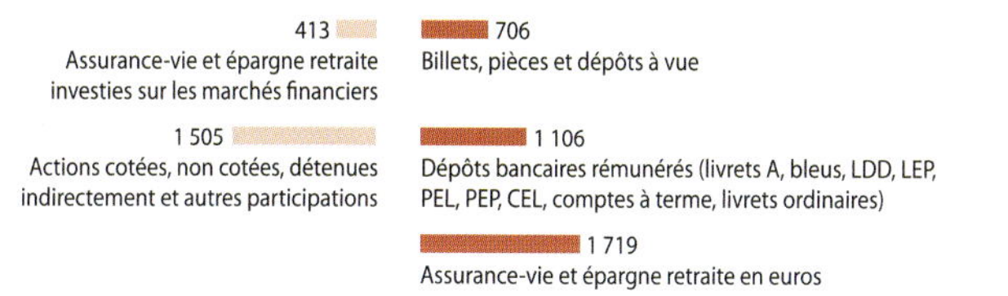

Sources : Banque de France, Insee, 22 octobre 2021.

MÉTHODE
Les **graphiques en cercle** permettent de montrer une répartition. Il convient de bien repérer les informations générales (notamment le titre et les valeurs utilisées) pour dresser le constat principal avant d'affiner l'analyse avec les données chiffrées pertinentes.

1. Repérez la forme d'épargne privilégiée par les Français pour se constituer leur patrimoine.

2. Citez les avantages de recourir à une épargne sous forme de dépôts bancaires, billets et pièces pour répondre à une décision de consommation.

Préparer sa synthèse

1. Précisez quelle est l'utilisation du revenu disponible des ménages.
2. Montrez l'intérêt d'épargner.

2 Quels sont les déterminants de la consommation et de l'épargne ?

DOCUMENT 5 La consommation et l'épargne selon le niveau de vie

	Revenu (en euros)	Consommation (en euros)	Épargne (en euros)	Taux d'épargne (en %)
Les 20 % les plus pauvres	13 173	12 816	357	3
Entre 20 % et 40 %	20 273	19 262	1 011	5
Entre 40 % et 60 %	26 112	23 592	2 520	10
Entre 60 % et 80 %	32 702	29 029	3 673	11
Les 20 % les plus riches	56 153	40 222	15 931	28
Ensemble des ménages	29 954	25 184	4 770	16

Source : *Rapport sur les inégalités en France 2021*, © Observatoire des inégalités, mai 2021.

1. Commentez les taux d'épargne selon le revenu des ménages.
2. Démontrez que ces différences de taux d'épargne génèrent des inégalités, notamment en termes de constitution d'un patrimoine.

DÉFINITION

Taux d'épargne : rapport entre l'épargne des ménages et leur revenu disponible.

DOCUMENT 6 Le taux d'épargne des ménages européens

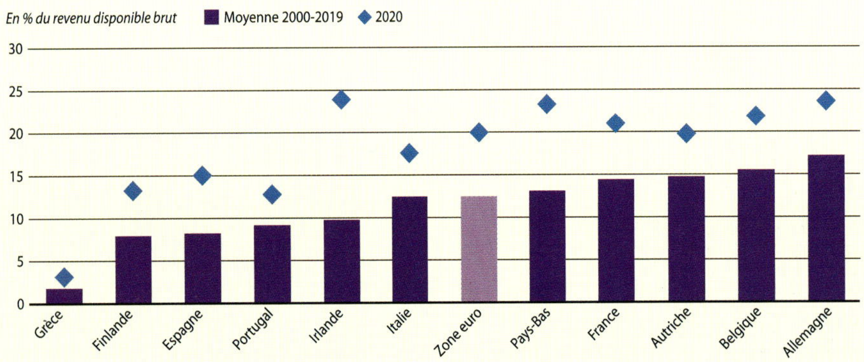

Source : SME avec Eurostat, 2021.

1. Comparez le taux d'épargne moyen des pays de la zone euro pour la période 2000-2019.
2. Commentez l'évolution des taux d'épargne pour l'année 2020.

DOCUMENT 7 Épargnants : quelle réaction en période d'incertitude ?

Quand les perspectives sont incertaines, le réflexe d'un épargnant consiste à remplir davantage son bas de laine en attendant des jours meilleurs. Et c'est exactement ce qu'il se passe depuis le début de la pandémie. Face à l'impossibilité de travailler et de consommer normalement, et la crainte de perdre leur emploi, les Français ont fait le choix de l'hypersécurité. Résultat, 2020 a été une année exceptionnelle pour le livret A.

G. Mandroux, L. Simon, www.nouvelobs.com, 3 mars 2021.

Relevez les facteurs qui ont influencé la décision d'épargner des ménages français. Qu'en concluez-vous sur le niveau de consommation ?

DOCUMENT 8 Prix et taux d'intérêt : des éléments importants pour choisir d'épargner ou de consommer

Après une relative stabilité en 2021 à des niveaux historiquement bas, les taux des crédits immobiliers accordés par les banques ont augmenté [...] atteignant en moyenne hors assurance 1,65 % sur 20 ans et 1,80 % sur 25 ans. « C'est la fin d'une période durant laquelle les conditions d'emprunt étaient exceptionnellement favorables pour les acquéreurs », estime Olivier Lendrevie, président de Cafpi. [...] La hausse des taux a des conséquences concrètes sur le budget des emprunteurs : « la hausse de 0,5 point des taux réduit la capacité d'emprunt de 5 % à mensualités égales », calcule Olivier Lendrevie. [...]

Enfin, 67 % des sondés considèrent que les prix de l'immobilier sont le principal frein pour devenir propriétaire. De fait, selon le réseau d'agences immobilières Century 21, les prix moyens en France ont atteint de nouveaux records historiques [...]. « L'augmentation du prix des maisons, qui a atteint 15 % en un an dans certaines régions, a tiré la progression générale des prix du marché », explique Charles Marinakis, président de Century 21.

Résultat, le marché se crispe : si les ventes d'appartements ont progressé de 2 %, celles des maisons ont chuté de 8 %.

S. Giraud, www.challenges.fr, 4 juillet 2022.

VIDÉO

Marché immobilier : tendance et évolution des prix

www.lienmini.fr/10749immo

0:51

1. Rappelez à quelle forme d'épargne se rattache un achat immobilier.
2. Précisez si le niveau des prix de l'immobilier influence la décision d'achat des ménages.
3. Établissez un lien entre l'évolution des taux d'intérêt et l'acquisition d'un bien immobilier.

DÉFINITION

Taux d'intérêt : pourcentage qui permet de déterminer la somme à payer lorsqu'on emprunte de l'argent mais aussi le montant de la rémunération si on épargne.

DOCUMENT 9 Le consommateur face à ses choix

www.mazette.media

FOCUS

En plus des facteurs économiques, d'autres facteurs influencent les **choix en matière de consommation et d'épargne** :

- la confiance en l'avenir ;
- le groupe d'appartenance ou de référence ;
- l'âge ;
- les convictions, la culture, l'éducation ;
- l'influence de la publicité.

1. Citez les critères pour sélectionner le produit présenté.
1. Expliquez les raisons qui poussent les deux protagonistes à faire des choix de consommation différents.
3. Énoncez des motivations pour renoncer à cet achat.

Préparer sa synthèse

1. Listez tous les éléments qui déterminent la décision de consommer et/ou d'épargner des ménages.
2. Schématisez les liens entre les trois notions suivantes : épargne - revenu - patrimoine.

Activités

1 Se tester

QCM INTERACTIF

Testez-vous !
www.lienmini.fr/10749exo7

Répondez par vrai ou faux aux affirmations suivantes puis justifiez vos réponses.

1. **Le revenu sert à consommer et à épargner.**
2. **Les dépenses de consommation constituent le patrimoine.**
3. **La propension à épargner mesure la part de l'épargne dans le revenu du ménage.**
4. **L'épargne ne sert pas à une consommation différée.**
5. **Le patrimoine se compose majoritairement d'épargne non financière.**
6. **Le taux d'épargne varie selon le niveau de revenu des ménages.**
7. **Les Français épargnent peu par rapport à leurs voisins européens.**
8. **Une hausse des prix peut dissuader de consommer.**
9. **Le niveau des taux d'intérêt a une incidence exclusivement sur l'épargne financière.**
10. **L'âge des ménages n'influence pas les choix de consommation.**

2 Se tester

Choisissez la ou les bonnes réponses.

1. **Les motifs de l'épargne sont :**
   a. la constitution d'un patrimoine ;
   b. la précaution face à des imprévus ;
   c. les dépenses immédiates pour acquérir des biens et services ;
   d. l'anticipation de projets futurs.

2. **Un taux d'intérêt élevé :**
   a. encourage l'épargne financière ;
   b. encourage la consommation ;
   c. décourage l'épargne non financière ;
   d. décourage la consommation.

3 Calculer la propension à consommer et à épargner

À 23 ans, Gabrielle et Magnus ont emménagé ensemble quand ils ont signé leur premier contrat de travail. Leurs revenus annuels s'élevaient alors à 19 200 € pour l'un et 20 000 € pour l'autre. Leurs dépenses de consommation pour douze mois étaient de 34 200 €.
Cinq ans plus tard, à 28 ans, leurs revenus annuels ont progressé pour atteindre respectivement 25 000 € et 24 500 €, leurs dépenses de consommation s'élevant à 38 000 €.
À présent, ils ont 33 ans. La famille s'est agrandie avec la naissance d'un enfant et l'un des parents a souhaité travailler à temps partiel. Leurs revenus annuels sont de 35 000 € et 15 000 €. Cette année, ils ont épargné 5 500 €.

1. Dans un tableau réalisé sur une feuille ou grâce à un logiciel tableur, réorganisez les données chiffrées afin de calculer la propension moyenne à consommer et la propension moyenne à épargner de Gabrielle et Magnus à 23 ans, 28 ans et 33 ans.
2. Complétez votre tableau avec le calcul de la propension marginale à consommer et la propension marginale à épargner entre 23 ans et 28 ans, puis entre 23 ans et 33 ans.
3. L'arbitrage entre consommation et épargne a-t-il toujours été identique au cours de ces dix années ?
4. Les revenus supplémentaires du ménage ont-ils systématiquement profité à l'épargne ?

4 Travailler la méthode : lire et analyser une infographie

➔ Voir FICHE MÉTHODE 3

La seconde main : une tendance de fond qui s'accélère

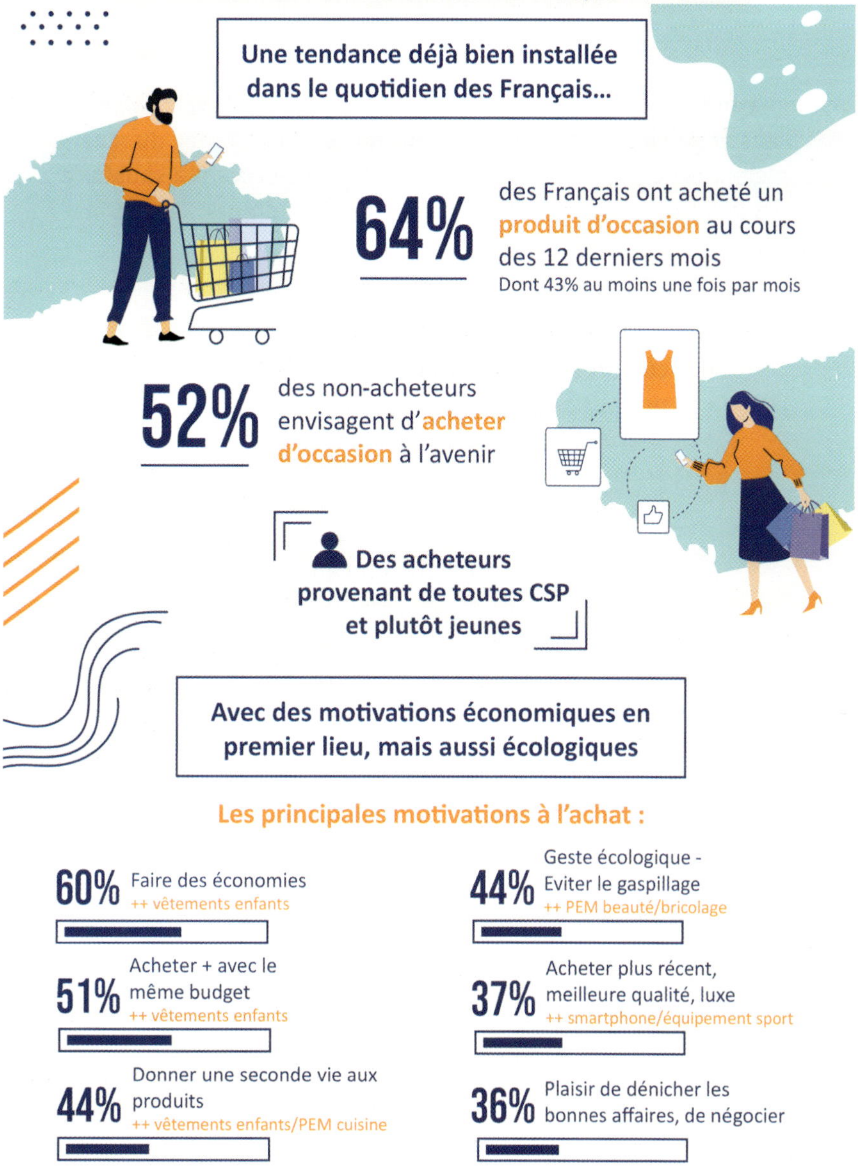

PEM : petit électroménager.

Source : www.enov.fr

1. Présentez un état des lieux des dépenses de consommation de seconde main.
2. Hiérarchisez les motivations économiques et non économiques de la décision de consommer des produits d'occasion.
3. Rédigez une argumentation qui vous permette de répondre à la question suivante :
Le développement de la consommation de produits d'occasion marque-t-il un profond changement de la consommation des ménages ?

L'essentiel en schéma

SKETCHNOTE
www.lienmini.fr/10749sk7

1 Quel est l'arbitrage du revenu disponible des ménages ?

Revenu disponible arbitré entre :

Consommation
Ensemble des biens et services acquis par les ménages pour satisfaire leurs besoins

Épargne
Part non consommée du revenu disponible servant à satisfaire une consommation future

Les motifs de l'épargne
- Le confort (faire des projets)
- La précaution (faire face aux incertitudes)
- La spéculation (accroître la valeur de son patrimoine)

Les formes de l'épargne
- L'épargne financière
- L'épargne non financière

= **Patrimoine**

Mesurer la part du revenu affectée à :

La consommation = **Propension à consommer**

L'épargne = **Propension à épargner**

2 Quels sont les déterminants de la consommation et de l'épargne ?

Déterminants économiques	Déterminants socio-culturels
• Les revenus • Les prix • Les taux d'intérêt	• La confiance en l'avenir • Le groupe d'appartenance ou de référence • L'âge • Les convictions, l'éducation, la culture • L'influence de la publicité

MOTS CLÉS

VOIR LEXIQUE P. 138

- Consommation
- Épargne
- Patrimoine
- Propensions à consommer et à épargner
- Déterminants de la consommation et de l'épargne

CHAPITRE 8

Le pouvoir d'achat et la structure de consommation des ménages

THÈME 3
Comment les ménages décident-ils d'affecter leur revenu ?

Notions abordées

- L'indice des prix à la consommation
- Le panier de biens
- L'évolution à long terme du pouvoir d'achat
- La composition des dépenses des ménages
- Les coefficients budgétaires
- Les prix relatifs comparés des biens et services

Pour être capable

- D'analyser l'évolution de la structure de la consommation des ménages (en valeur et en volume).

1. D'après-vous, quels sont les facteurs qui peuvent expliquer une baisse du pouvoir d'achat des ménages ?
2. Dans quelle mesure le fait d'adopter un régime végétarien permettrait de préserver son pouvoir d'achat ?

LANCER LA SÉANCE

VIDÉO EN QUESTIONS

Faire des économies en consommant responsable
www.lienmini.fr/10749responsable

1:35

1. Présentez les principes de la consommation responsable.
2. Expliquez en quoi la consommation responsable peut être source d'économies pour un ménage.
3. La consommation responsable est-elle la seule façon d'augmenter son pouvoir d'achat ?

1 Comment évolue le pouvoir d'achat des ménages ?

DÉFINITIONS

Pouvoir d'achat : quantité de biens et services qu'un revenu permet d'acheter. Il dépend donc du niveau du revenu et du niveau des prix.
Évolution du pouvoir d'achat : différence entre l'évolution des revenus des ménages et l'évolution des prix. Si la hausse des revenus est supérieure à celle des prix, le pouvoir d'achat augmente. Dans le cas contraire, il diminue.
Indice des prix à la consommation (IPC) : instrument de mesure de l'inflation qui permet d'estimer, entre deux périodes données, la variation moyenne des prix des produits consommés par les ménages.

DOCUMENT 1 Comprendre le pouvoir d'achat

Le pouvoir d'achat correspond à ce que les ménages peuvent consommer avec leur revenu. Il dépend du revenu et du coût de la vie. Pour le calculer, il est donc nécessaire de mesurer l'évolution des revenus et des prix.
La mesure des revenus est complexe : les ménages disposent d'un ou deux salaires, de revenus sociaux et de revenus de l'épargne. À cela, il faut soustraire les impôts et les taxes.
La mesure des prix est donnée par l'indice des prix à la consommation ou IPC. Il est calculé par l'Insee à partir d'environ 200 000 relevés de prix de produits ou de services représentatifs de la consommation française.

www.dessinemoileco.com

1. Indiquez la différence entre le revenu et le pouvoir d'achat.
2. Rappelez les deux principaux déterminants du pouvoir d'achat des ménages.
3. Repérez comment se mesure l'évolution des prix.
4. Cherchez quelles conditions permettent d'augmenter le pouvoir d'achat.

VIDÉO
Le pouvoir d'achat
www.lienmini.fr/10749achat
3:09

DOCUMENT 2 L'évolution à long terme du revenu disponible et du pouvoir d'achat

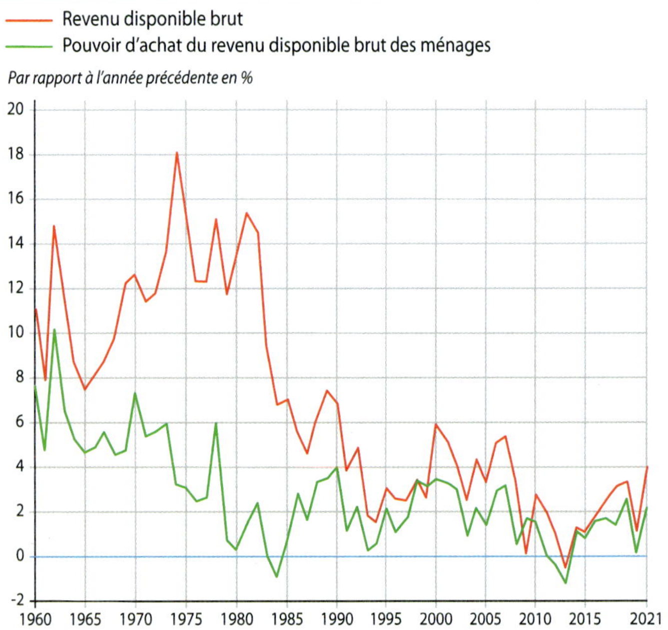

Lecture : en 2021, le revenu disponible brut augmente de 4 %.

Source : Insee, 31 mai 2022.

1. Présentez l'évolution du revenu disponible et du pouvoir d'achat depuis 1960. Que constatez-vous ?
2. Déterminez pourquoi les courbes du revenu disponible et du pouvoir d'achat ne sont pas toujours parfaitement corrélées.

DOCUMENT 3 L'élaboration de l'indice des prix à la consommation (IPC)

L'IPC est l'instrument de mesure de l'inflation. Il permet d'estimer, entre deux périodes données, la variation moyenne des prix des produits consommés par les ménages. Il est basé sur l'observation d'un panier fixe de biens et services, actualisé chaque année. Chaque produit est pondéré, dans l'indice global, proportionnellement à son poids dans la dépense de consommation des ménages.
Il est publié chaque mois au Journal officiel. L'indice des prix hors tabac sert à indexer de nombreux contrats privés, des pensions alimentaires, des rentes viagères et aussi à indexer le SMIC.

www.insee.fr

1. Expliquez comment et par qui est élaboré l'IPC.
2. Présentez les différentes fonctions économiques de l'IPC.

FOCUS

En France, l'inflation s'est élevée à + 5,2 % en 2022, après s'être établie à + 1,6 % en 2021, + 0,5 % en 2020, + 1,1 % en 2019 et + 1,8 % en 2018.

DOCUMENT 4 Les limites de l'IPC

Le panier de biens se doit d'être représentatif, mais de qui ?
Historiquement, l'indice était représentatif du ménage ouvrier de la région parisienne. Puis, progressivement, le choix a été fait d'avoir un panier représentatif du ménage moyen français. Cela n'est pas sans risque, en particulier quand les inégalités s'accroissent. Parce que, dans ce cas, cet indice « moyen » peut ne plus parler à personne tant les situations sont hétérogènes. C'est l'une des raisons d'une certaine défiance vis-à-vis de la mesure de l'inflation aujourd'hui.
Comment est composé ce panier ?
Certains achats importants ne sont pas pris en compte. C'est le cas du logement qui représente pourtant une part importante des dépenses mensuelles des ménages. À ce jour, seul le loyer des ménages qui sont locataires est pris en compte dans le panier de l'indice des prix. Or, en France, 40 % des ménages sont locataires. Ainsi, le poids du loyer dans l'indice des prix est environ deux fois plus faible qu'il ne le serait si on tenait compte de ce que représente, pour les ménages, la charge de l'achat d'un logement ou des traites pour le rembourser. [...]
Pour suivre l'évolution du prix du panier dans le temps, il faut que sa composition soit fixe. Or, la consommation évolue tous les ans – par exemple, les lecteurs de DVD ont disparu, les voitures électriques ont fait leur apparition – mais c'est aussi la qualité des biens qui se modifie : quelle évolution de prix enregistrer dans l'indice si la baguette de pain est, entre-temps, devenue bio ou si les ordinateurs ont de nouvelles fonctionnalités ? Ou encore, si une voiture est plus ou moins émettrice de CO_2 aujourd'hui par rapport à hier ?

www.radiofrance.fr, 24 septembre 2021.

1. Relevez les différentes limites qui peuvent remettre en question la pertinence du calcul de l'IPC.
2. Expliquez pourquoi il existe parfois une différence entre l'IPC publié par l'Insee et le ressenti des consommateurs.

DOCUMENT 5 L'évolution de l'IPC par catégorie de ménages (en %)

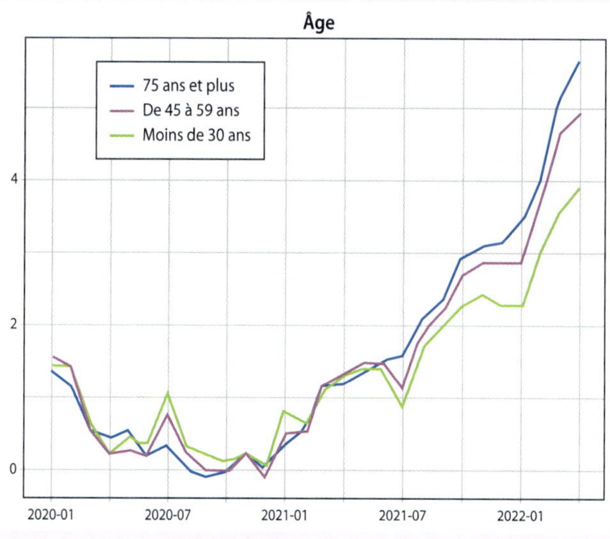

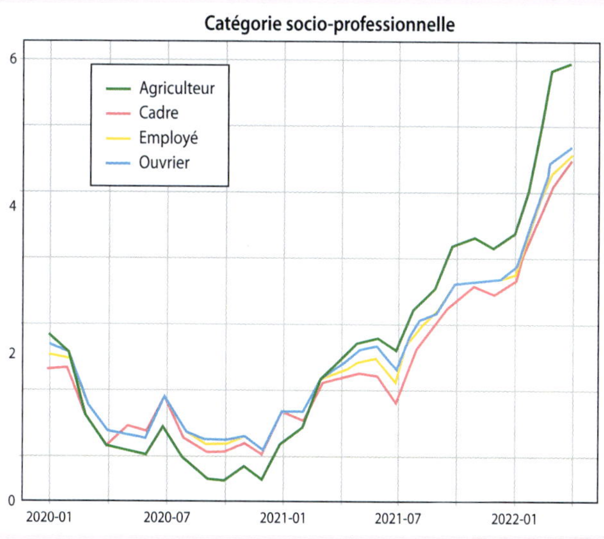

Source : Insee, 24 juin 2022.

1. Rappelez l'impact d'une augmentation de l'indice des prix à la consommation sur le pouvoir d'achat.
2. Repérez les catégories de ménages les plus affectées par l'augmentation de l'IPC.
3. Cherchez des explications à cette situation d'inégalité face à l'inflation.

Préparer sa synthèse

1. Présentez la notion de pouvoir d'achat et ses déterminants.
2. Montrez qu'il existe des différences entre l'évolution du pouvoir d'achat calculé par l'Insee et le ressenti des ménages.

2 Quelle est la structure de la consommation des ménages et son évolution ?

DOCUMENT 6 Les lois d'Engel sont-elles toujours pertinentes ?

Ernst Engel (1821-1896) [...] était un statisticien prussien qui procéda aux premières mesures de consommation et de revenu des ménages. Il constata que, lorsque le revenu augmente, les dépenses alimentaires occupent une part décroissante dans l'ensemble des dépenses des ménages, alors que c'est l'inverse pour les dépenses qu'il qualifiait de « luxe » (transports, livres, journaux, sorties...), les dépenses d'habillement progressant quant à elles à peu près au même rythme que le revenu. Ces constats empiriques donnèrent naissance aux lois d'Engel.
Depuis un siècle et demi (la première formulation date de 1857), ce triple constat n'a pas été vraiment démenti, même s'il faut le nuancer. Ainsi, la hausse du revenu incite à une alimentation plus riche, voire à des substitutions : on va davantage au restaurant, on achète des plats surgelés, on boit du champagne dans les grandes occasions, et tout cela coûte plus cher. Reste que la consommation alimentaire (qui, certes, ne comprend pas les repas hors domicile) n'a cessé d'occuper depuis un siècle et demi une part décroissante du budget des ménages. [...] Quant aux dépenses de logement (loyers, chauffage, équipement ménager), leur part dans l'ensemble des dépenses n'a cessé de progresser : de l'ordre de 5 % en 1860, 22 % en 1960 et 31 % aujourd'hui.

Alternatives économiques, dossier hors-série n° 4.

DÉFINITION

Coefficient budgétaire : rapport de la dépense consacrée à un bien ou service particulier (ou à une catégorie de biens ou services, par exemple l'alimentation, le logement,...) à la dépense totale.

1. Énoncez les trois lois d'Engel concernant l'évolution de la consommation en fonction du revenu.
2. Expliquez la première loi relative aux dépenses alimentaires.

VIDÉO

L'évolution de la consommation alimentaire
www.lienmini.fr/10749aliment
3:03

DOCUMENT 7 L'évolution des coefficients budgétaires des ménages français entre 1961 et 2021

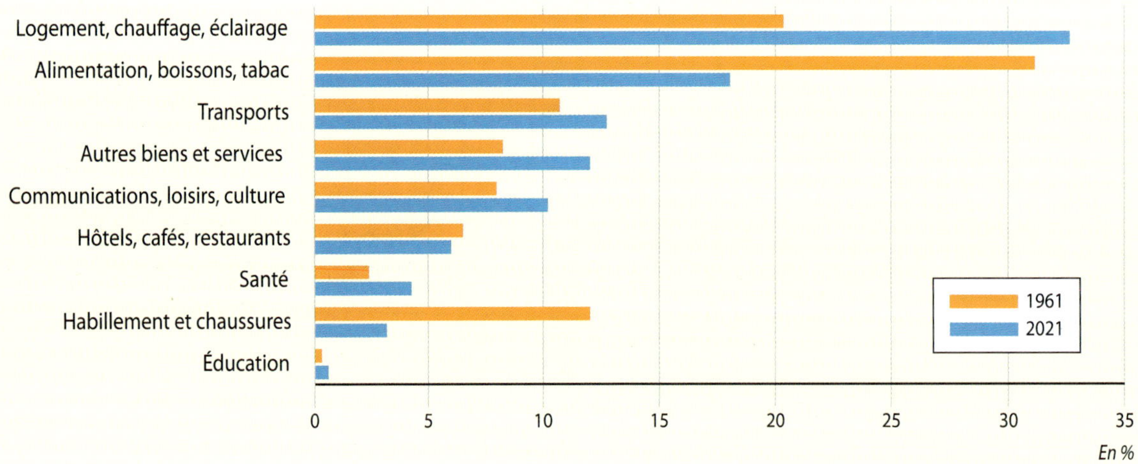

Lecture : en 2021, les ménages consacrent 18,1 % de leurs dépenses de consommation à l'alimentation, les boissons et le tabac.

Source : SME avec Eurostat, 2021.

1. Justifiez la pertinence de la première loi d'Engel relative à l'alimentation.
2. Déterminez si les deux autres lois d'Engel se vérifient toujours aujourd'hui.
3. Repérez le poste qui occupe la plus grande part du budget des ménages aujourd'hui.

DOCUMENT 8 Une transformation profonde de la structure de la consommation des ménages

Dans le cadre de la croissance globale de la consommation, de profonds changements dans la structure des dépenses de consommation ont eu lieu. Les proportions des dépenses consacrées par les ménages à l'alimentation et à l'habillement ont été réduites, au profit notamment du logement, des transports, de la santé, des dépenses de communication et de loisirs. Cette évolution s'explique par de nombreux facteurs liés aux modes de vie (urbanisation, mutations du marché du travail, etc.), démographiques (vieillissement de la population, évolutions des structures familiales, etc.) ou encore liés au progrès technique et à l'apparition de nouveaux équipements ou de nouveaux produits. Cette évolution recouvre un autre phénomène structurant : les services, qui comptaient pour 30 % des dépenses de consommation des ménages en 1960, en représentent plus de la moitié depuis le milieu des années 2000. La majeure partie de cette hausse tient aux seuls services de logement [...]. On doit toutefois noter que biens et services connaissent souvent un développement complémentaire, comme cela a été le cas par exemple avec l'informatique.
Ce transfert de la part de la consommation de biens vers celle des services s'explique plus particulièrement par un effet de prix : sur une longue période, le prix des biens, en particulier celui des biens manufacturés (+ 3,5 % par an), augmente beaucoup moins vite que celui des services (+ 5,9 % pour les services hors loyers). Les gains de productivité permis par le progrès technique bénéficient surtout à la fabrication des biens manufacturés. Par conséquent, la croissance relative du prix des services par rapport à celui des biens contribue elle-même à la prépondérance des services dans la structure du budget des ménages.

Thibaut de Saint Pol, *Constructif*, n° 59, juin 2021.

DÉFINITION

Le **prix relatif** de deux biens est le prix du bien exprimé en quantité de l'autre bien.

1. Présentez les changements opérés dans la structure de consommation des ménages depuis 50 ans.
2. Expliquez l'origine de ces transformations.
3. Comparez l'évolution du prix des biens et des services.
4. Concluez sur l'impact des prix relatifs dans la structure de la consommation.

DOCUMENT 9 La hausse des prix de l'énergie pèse sur le budget des ménages

L'évolution des prix à la consommation du gazole, du gaz et de l'électricité (en indice par rapport à janvier 2007)

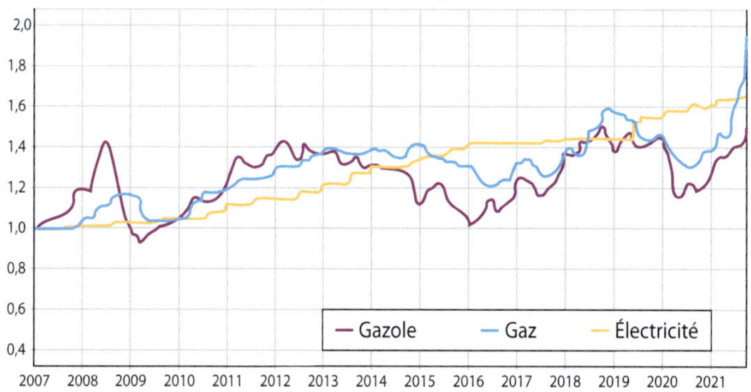

Source : Insee, 14 décembre 2021.

1. Commentez l'évolution du prix du gazole, du gaz et de l'électricité, notamment depuis 2018.
2. En vous aidant de vos connaissances sur les prix relatifs, expliquez l'impact que cette évolution peut avoir sur la consommation des autres énergies et sur le budget des ménages.

Préparer sa synthèse

- Résumez les facteurs qui engendrent une évolution dans la structure de la consommation des ménages.

Activités

1 Se tester

QCM INTERACTIF
Testez-vous !
www.lienmini.fr/10749exo8

Répondez par vrai ou faux aux affirmations suivantes puis justifiez vos réponses.

1. **Le pouvoir d'achat est indépendant du niveau des prix.**
2. **Le revenu et le pouvoir d'achat sont deux concepts synonymes.**
3. **Le pouvoir d'achat augmente quand les prix baissent si le revenu reste identique.**
4. **L'indice des prix à la consommation est un indice qui permet de calculer l'inflation.**
5. **L'indice des prix à la consommation permet également d'indexer le SMIC.**
6. **Un coefficient budgétaire représente la part d'un poste budgétaire dans le total de la consommation.**
7. **Selon la loi d'Engel, plus le revenu d'un individu s'élève, plus la part qu'il consacre à ses dépenses alimentaires diminue.**
8. **Les transports représentent le coefficient budgétaire le plus important pour les ménages.**
9. **Les prix relatifs correspondent à une augmentation de l'euro par rapport au dollar.**
10. **La modification des prix relatifs a un impact sur la structure de la consommation.**

2 Se tester

Choisissez la ou les bonnes réponses.

1. **Le pouvoir d'achat s'évalue en prenant en compte :**
   a. le revenu des ménages ;
   b. le coût de production des biens ;
   c. le niveau des prix ;
   d. la consommation des ménages.

2. **Les lois d'Engel montrent que :**
   a. la part des dépenses consacrées aux vêtements est approximativement la même quel que soit le revenu ;
   b. la part des dépenses consacrées à l'habitation et l'énergie est invariable quel que soit le revenu ;
   c. la part des dépenses diverses (loisirs, éducation...) s'accroît avec le revenu ;
   d. la part des dépenses de santé baisse avec l'augmentation du revenu.

3. **Dans la structure de la consommation des ménages actuelle :**
   a. le coefficient budgétaire consacré à l'alimentation a tendance à diminuer ;
   b. le coefficient budgétaire consacré au logement est le moins important ;
   c. le coefficient budgétaire consacré à l'habillement a tendance à diminuer ;
   d. le coefficient budgétaire consacré aux loisirs a tendance à augmenter.

3 Argumenter

Après avoir regardé la vidéo, vous chercherez des arguments pour animer le débat suivant sur le pouvoir d'achat : **Faut-il casser les prix ou augmenter les salaires ?** La classe sera divisée en quatre groupes. Dans le but de préserver le pouvoir d'achat des ménages, chaque groupe devra présenter et défendre des arguments pour ou contre la baisse des prix et pour ou contre la hausse des salaires.

VIDÉO
Débat sur le pouvoir d'achat
www.lienmini.fr/10749debat
21:40

4 Travailler la méthode : lire et analyser une infographie

→ Voir FICHE MÉTHODE 3

La transmission du renchérissement de l'énergie dans l'économie

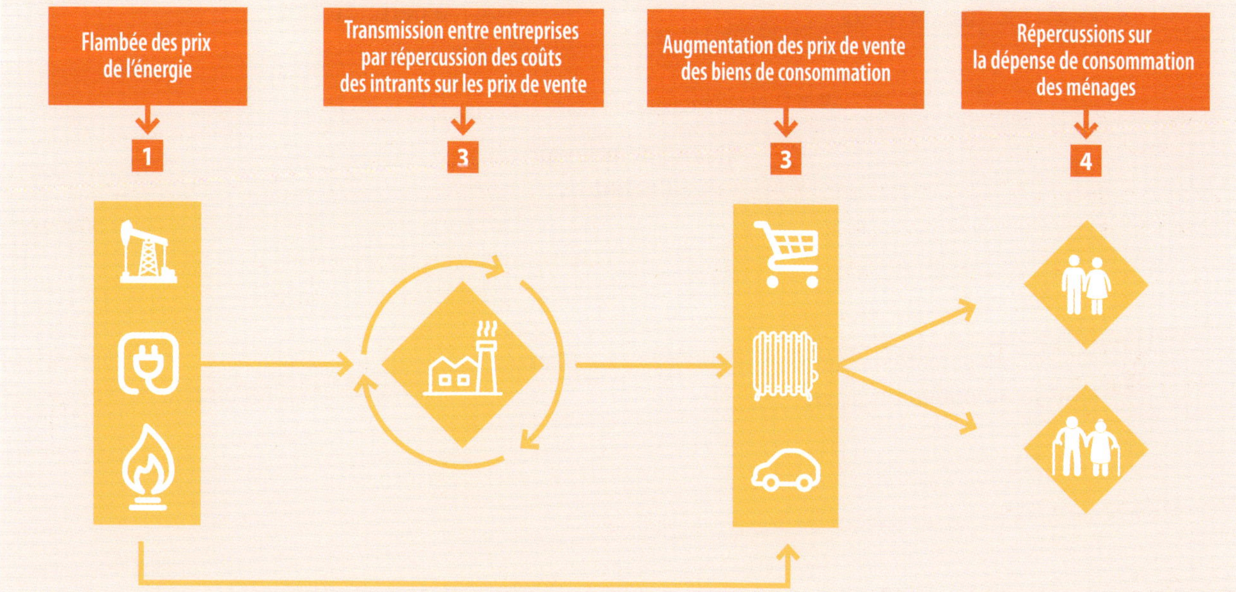

Source : Insee, septembre 2022.

La flambée des prix de l'énergie contenue par le « bouclier tarifaire »

Entre le deuxième trimestre 2021 et le deuxième trimestre 2022, la hausse des prix de l'énergie (gaz, électricité et produits pétroliers) a contribué à 3,1 points d'inflation sur un total de 5,3 %. Les deux tiers de cet effet reflètent le renchérissement de l'énergie consommée par les ménages eux-mêmes pour se déplacer et se chauffer. Le tiers restant provient des répercussions, dans les prix des autres produits, des hausses de coût de l'énergie pour les entreprises. Les mesures de « bouclier tarifaire » ont abaissé ces effets de moitié ; en l'absence de bouclier, l'inflation entre les deuxièmes trimestres de 2021 et 2022 aurait été 3,1 points plus élevée.

Parce que la part des dépenses de transport et de logement est un peu plus élevée dans leur panier de consommation, les ménages avec les revenus les plus bas subissent plus fortement la hausse des prix de l'énergie. Les mesures de bouclier atténuent cependant particulièrement l'inflation pour les ménages les plus modestes et les plus âgés.

Insee Analyses, n° 75, 1er septembre 2022.

1. Recherchez les causes de la flambée des prix de l'énergie depuis 2021 et le contenu du « bouclier tarifaire » mis en place par le gouvernement français.
2. Expliquez comment l'augmentation des prix de l'énergie peut se répercuter sur l'ensemble des prix des produits.
3. Déterminez l'impact de cette augmentation des prix sur le pouvoir d'achat et la consommation des ménages en 2021-2022.
4. Présentez les arguments qui permettent de répondre à la question suivante : Le bouclier tarifaire mis en place par le gouvernement français a-t-il permis de préserver le pouvoir d'achat des ménages ?

L'essentiel en schéma

SKETCHNOTE
www.lienmini.fr/10749sk8

1 Comment évolue le pouvoir d'achat des ménages ?

Augmentation ou diminution des revenus

Évolution des prix calculée à partir de l'IPC

Niveau de pouvoir d'achat

Si évolution du revenu disponible > évolution des prix ⇨ hausse du pouvoir d'achat

Si évolution du revenu disponible < évolution des prix ⇨ baisse du pouvoir d'achat

2 Quelle est la structure de la consommation des ménages et son évolution ?

Évolution des dépenses de consommation des ménages

- ↘ Coefficient budgétaire alimentation *(Loi d'Engel n° 1 vérifiée)*
- ↘ Coefficient budgétaire habillement
- ↗ Coefficient budgétaire logement
- ↗ Coefficient budgétaire loisirs, transports *(Loi d'Engel n° 3 vérifiée)*

MOTS CLÉS

VOIR LEXIQUE P. 138

- Pouvoir d'achat
- Indice des prix à la consommation
- Consommation
- Coefficient budgétaire
- Inflation

Pour réviser le THÈME 3 ➔ ENTRAÎNEMENT p. 132

CHAPITRE 9

La situation financière des agents et les modalités de financement de l'activité économique

THÈME 4
Quels modes de financement de l'activité économique ?

9 La situation financière des agents et les modalités de financement de l'activité économique

Notions abordées

- Les agents à besoins de financement et les agents à capacités de financement
- L'autofinancement
- L'emprunt
- Le financement direct et le marché financier
- Les titres financiers
- Le financement indirect et les banques
- Les actifs financiers

Pour être capable

- D'identifier les différentes situations de financement des agents économiques.
- D'identifier et comparer les divers modes de financement de la croissance de la production.
- De caractériser les différents circuits de financement.
- De caractériser et comprendre le rôle des banques dans le financement de l'activité économique.
- D'analyser les différentes fonctions des marchés financiers.
- De comprendre le rôle des banques centrales (et en particulier de la Banque centrale européenne) par rapport au système bancaire.

1. Acquérir un logement

2. Acheter un ordinateur

3. Faire les courses

1. D'après vous, l'effort des ménages pour financer ces trois opérations est-il identique ?
2. Proposez toutes les solutions possibles pour financer les opérations 1 et 2.

LANCER LA SÉANCE

VIDÉO EN QUESTIONS

J'épargne, je finance l'économie
www.lienmini.fr/10749finance

2:40

1. Présentez les agents économiques qui financent leurs projets grâce à l'épargne des ménages.
2. Repérez les deux grands circuits de l'épargne des ménages pour financer l'économie.

1 Quelles peuvent être les différentes situations financières des agents économiques ?

A Des situations variées selon les agents

DOCUMENT 1 La capacité ou le besoin de financement des agents économiques entre 2010 et 2021

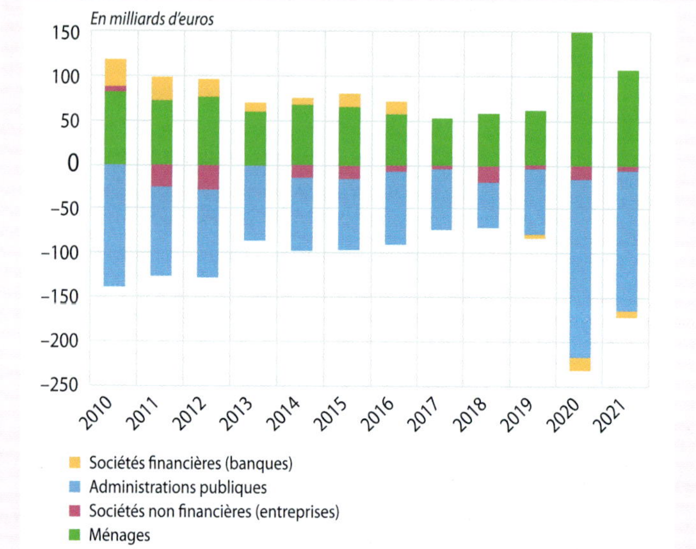

Source : Banque de France, 24 mai 2022.

DÉFINITIONS

L'agent a une **capacité de financement** si ses ressources financières sont supérieures à ses dépenses.
L'agent a un **besoin de financement** si ses ressources financières sont inférieures à ses dépenses.
Les ressources financières sont également appelées « fonds propres » pour les entreprises.

MÉTHODE

Pour **analyser un graphique**, il faut commencer par lire le titre avec attention, puis repérer les différentes informations présentées : les unités utilisées, la période couverte, les agents concernés...

1. Relevez les agents économiques qui ont principalement des capacités de financement.
2. Repérez les agents qui ont des besoins de financement.
3. À votre avis, comment les agents ayant des capacités de financement peuvent-ils répondre aux besoins de financement d'autres agents et ainsi participer au financement de l'économie ?

B L'interrelation entre les agents pour financer l'économie

DOCUMENT 2 Le gouvernement crée le label « Relance » pour soutenir le financement des entreprises françaises

Le label « Relance » vient reconnaître les fonds [d'investissement] qui s'engagent à mobiliser rapidement des ressources nouvelles pour soutenir les fonds propres des entreprises françaises [...]. L'objectif est d'orienter l'épargne des épargnants et des investisseurs professionnels vers ces placements qui répondent aux besoins de financements de l'économie française consécutifs de la crise sanitaire.

www.economie.gouv.fr, 6 mai 2022.

FRANCE RELANCE

1. Exposez les difficultés rencontrées par les entreprises françaises.
2. Expliquez les effets recherchés par le label « Relance ».

DOCUMENT 3 Que finance l'argent du livret A des ménages ?

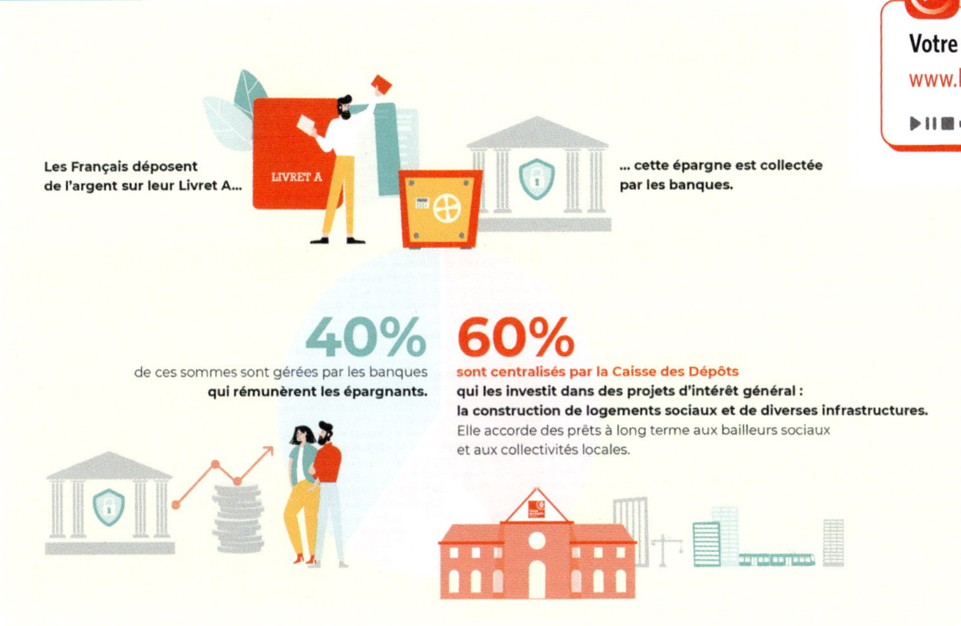

Source : www.caissedesdepots.fr

VIDÉO

Votre épargne décryptée
www.lienmini.fr/10749livret
1:49

FOCUS

La **Caisse des dépôts et consignations** (CDC) est une institution financière publique qui exerce des activités d'intérêt général comme la gestion d'une partie de l'épargne (livret A, LDDS) et le financement de projets publics et privés.

1. Repérez l'agent économique qui collecte les sommes d'argent déposées par les ménages sur leur livret A.
2. Relevez la répartition de cette capacité de financement entre les deux agents économiques présentés.
3. Expliquez les projets financés grâce à cette épargne.
4. À partir de la vidéo, précisez quel agent économique garantit la protection de cette épargne.
5. À partir de la vidéo, relevez d'autres projets financés grâce à l'épargne du livret A.

DOCUMENT 4 Quel taux d'intérêt pour le livret A ?

Le taux du livret A passe à 3 % à partir du 1er février 2023, son taux le plus élevé depuis 15 ans. Il avait connu une première révision à 1 % en février 2022 puis, en raison de la forte hausse de l'inflation, avait été porté à 2 % le 1er août 2022. [...]. Le livret A est un compte d'épargne rémunéré dont les fonds sont disponibles à tout moment. Les intérêts sont exonérés d'impôt sur le revenu et de prélèvements sociaux. Ils sont calculés le 1er et le 16 de chaque mois et sont versés en une seule fois le 31 décembre.

www.service-public.fr, 31 janvier 2023.

1. Citez le terme économique désignant la rémunération reçue par les épargnants en contrepartie de la détention d'un livret A.
2. Expliquez si le niveau du taux d'intérêt peut influencer le choix de l'épargne.

Préparer sa synthèse

1. Décrivez les deux situations de financement possibles pour les agents économiques.
2. Proposez une définition du financement de l'économie en mettant en relation les deux catégories d'agents économiques.

2 Quels sont les circuits interne et externe pour financer l'économie?

A La diversité des modes de financement

DOCUMENT 5 Le financement des entreprises

Qu'elle soit petite ou grande, publique, privée, multinationale ou coopérative, start-up ou agissant dans un secteur traditionnel, une entreprise est comme tous les projets : elle doit être financée. Lors de sa création, puis pour assurer la trésorerie quotidienne, faire de nouveaux investissements, se développer, une entreprise peut trouver des fonds :
- dans sa propre épargne grâce à l'autofinancement ;
- auprès des banques sous la forme [d'**emprunt**] ;
- sur les marchés financiers par l'émission d'**actions** ou d'**obligations**.

En France, les entreprises, et en particulier les PME (petites et moyennes entreprises), se financent en majeure partie auprès des banques. [...] Les entreprises peuvent également se faire crédit entre elles : c'est une autre source de financement non négligeable en France. D'autres formes de financement se développent, parallèlement aux banques et aux marchés traditionnels, ce qui permet aux entreprises de renforcer leur indépendance et de bénéficier de ressources provenant d'investisseurs prêts à prendre plus de risques : les **fonds d'investissement**, ou les particuliers via des platesformes de « **financement participatif** » (*crowdfunding*) par exemple.

ABC, L'Eco en bref, Banque de France, août 2022.

VIDÉO
Comment les entreprises se financent-elles ?
www.lienmini.fr/10749entreprises
3:26

DÉFINITIONS

Emprunt : prêt d'une somme d'argent contre versement futur d'intérêts et remboursement de la somme prêtée.
Actions et obligations : titres financiers proposés sur les marchés financiers afin d'obtenir de l'argent en contrepartie.
Financement participatif ou ***crowdfunding*** (= financement par la foule) : mécanisme permettant de collecter de l'argent de la part d'un grand nombre de personnes via Internet pour financer un projet.

1. Expliquez pourquoi une entreprise est sans cesse en situation de besoins de financement.
2. Précisez le mode de financement privilégié par les entreprises.
3. À travers un schéma organisé, citez tous les modes de financement des entreprises en distinguant les circuits de financement interne (issu de l'entreprise) et externe (collecté auprès d'agents extérieurs à l'entreprise).
4. Indiquez si les ménages disposent de modes de financement comparables.

B L'autofinancement, un mode de financement interne

DOCUMENT 6 Un cas concret : l'autofinancement de l'entreprise Bribois

Le 31 décembre, la dirigeante de la société Bribois souhaite calculer l'autofinancement dégagé par son entreprise au cours de l'année.
Voici quelques informations :
- Son bénéfice net avant distribution aux actionnaires s'élève à 45 000 €.
- La décision est prise de mettre 70 % du bénéfice en réserve.
- Ses machines acquises à 50 000 € ont une durée de vie estimée à 5 ans, elles perdent 20 % de valeur chaque année.

© Delagrave, 2023.

1. Déterminez le montant des amortissements des machines pour l'année écoulée.
2. Calculez l'autofinancement de l'entreprise Bribois pour cette année.

DÉFINITION

L'autofinancement désigne les ressources internes de l'entreprise pour financer ses projets. Il se calcule de la façon suivante : **part du bénéfice net non distribué** aux actionnaires et mise en réserve **+ montant des amortissements** (sommes qui constatent chaque année la perte de valeur des biens de l'entreprise).
On dit que l'amortissement est de l'épargne forcée car il anticipe le renouvellement des équipements.

DOCUMENT 7 Autofinancer ses investissements est-il toujours judicieux ?

Une entreprise est autofinancée lorsqu'elle assure elle-même son développement sans avoir recours à des sources de financement externes. S'il est perçu favorablement par les partenaires de l'entreprise, et protège celle-ci des risques liés à un endettement excessif, l'autofinancement peut devenir néfaste lorsqu'il est utilisé à outrance. [...] Il peut effectivement favoriser l'investissement dans des projets peu rentables et provoquer l'appauvrissement des actionnaires.

Les Échos, lexique financier.

DOCUMENT 8 Le taux d'autofinancement des entreprises françaises

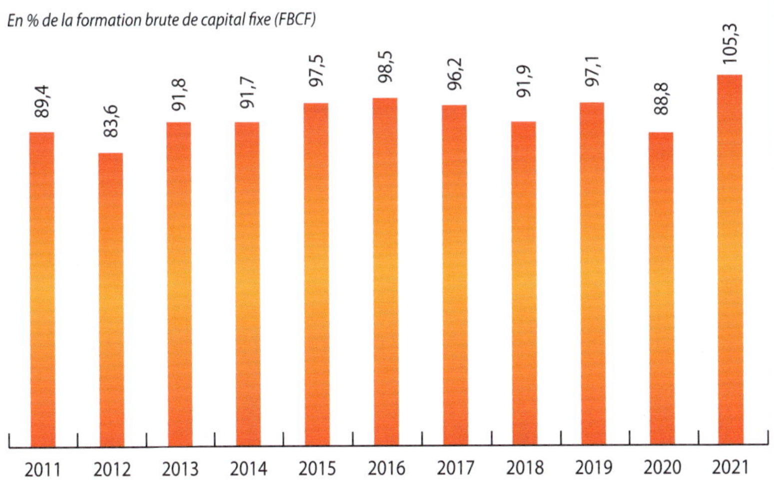

Source : Insee, *Comptes nationaux*, données annuelles de 1950 à 2021 publiées le 31 mai 2022.

1. Listez les avantages et les inconvénients de l'autofinancement pour l'entreprise.
2. Commentez l'évolution du taux d'autofinancement des entreprises françaises de 2011 à 2021.

MÉMO CALCUL

$$\text{Taux d'autofinancement} = \frac{\text{Épargne brute}}{\text{FBCF (formation brute de capital fixe)}}$$

Préparer sa synthèse

1. Distinguez le financement interne du financement externe des entreprises.
2. Précisez la notion d'autofinancement puis expliquez la signification d'un taux d'autofinancement inférieur à 100 %.

3 Comment s'organise le financement externe direct ?

DOCUMENT 9 La Bourse, à quoi ça sert ?

La Bourse est un lieu où s'organise la confrontation de l'offre et de la demande de titres financiers [les actions et les obligations]. L'**offre** émane des entreprises ou des États qui ont des besoins de financement. Ils émettent des titres financiers qui sont achetés par les investisseurs.
La **demande** émane des personnes qui ont des capacités de financement et qui souhaitent investir. Il peut s'agir de particuliers, d'entreprises, d'États. Les plus gros investisseurs sur les marchés financiers sont les investisseurs institutionnels.
Les émissions de titres sont effectuées par les sociétés (dites « émettrices ») sur le marché primaire. Les [agents à capacités de financement] souscrivent alors à des introductions en Bourse, des augmentations de capital (actions) ou des émissions obligataires (titres d'emprunts) [= obligations]. C'est le lieu de rencontre entre les sociétés en quête de capitaux pour assurer leur développement et les détenteurs de capitaux. Toutes les sociétés anonymes émettent des actions mais toutes ne sont pas cotées en Bourse, seules les plus grandes ou les plus attractives le sont.
Ces mêmes titres sont ensuite proposés aux épargnants sur le marché secondaire, qui peut être considéré comme le marché de l'occasion. L'émetteur n'y intervient plus.

www.lafinancepourtous.com

1. Montrez que la Bourse est un financement externe direct.
2. Distinguez le marché primaire et le marché secondaire à travers leur rôle respectif.
3. Les marchés financiers s'adressent-ils à toutes les catégories d'entreprises ?
4. À partir de la vidéo, relevez l'avantage du marché secondaire pour les investisseurs.

DÉFINITIONS

Les **investisseurs institutionnels** (surnommés les « zinzins ») sont des organismes qui collectent l'épargne des particuliers et qui la placent sur les marchés financiers. Il s'agit principalement des sociétés d'investissement, des caisses de retraite (fonds de pension), des banques et des sociétés d'assurance.
Un **financement** est « **direct** » lorsque l'agent en besoin de financement rencontre l'agent en capacité de financement. S'il y a un intermédiaire entre ces deux agents, on parle alors de **financement** « **indirect** ».

VIDÉO

Les marchés financiers
www.lienmini.fr/10749bourse
1:28

DOCUMENT 10 Un exemple de financement externe direct : les emprunts russes de la fin du XIXe siècle

La Banque, tome 6, 1882-1914, de P. Boisserie, P. Guillaume et S. Brangier, Éditions Dargaud.

DOCUMENT 11 Actions et obligations : quelles différences entre ces deux titres financiers ?

	Action	Obligation
Présentation	Le capital d'une entreprise est divisé en un certain nombre d'actions. L'action est donc une part du capital d'une entreprise.	Une obligation est un titre de créance émis par l'entreprise ou l'État. Il s'agit donc d'une part d'un emprunt.
Revenus pour le porteur	L'actionnaire reçoit une part des bénéfices réalisés par l'entreprise. On dit qu'il perçoit un dividende.	En contrepartie, l'obligation procure un intérêt (ou coupon) qui peut être versé annuellement ou à l'échéance.
Risques	Si l'entreprise est cotée en Bourse et se développe, la valeur des actions augmente généralement. Mais si l'entreprise fait faillite, il est rare que l'actionnaire récupère son argent.	Considérée comme « sans risque » (avant la crise financière, on considérait la probabilité que l'État français fasse faillite comme quasiment nulle).

1 Repérez les différents agents économiques présentés dans le document 10.

2 En vous aidant du document 11, indiquez à quelle catégorie appartiennent les titres financiers proposés dans la bande dessinée.

3 Expliquez les avantages financiers attendus par chaque agent suite à la réalisation de cette opération.

DOCUMENT 12 L'évolution du CAC 40 sur les marchés financiers

Le CAC 40, qu'est-ce que c'est ?
Créé en 1987, le CAC 40 est le principal indice boursier de la place de Paris. [...] C'est un panier composé de 40 valeurs de sociétés françaises. Ces sociétés sont choisies parmi les 100 sociétés françaises dont les volumes d'échanges de titres sont les plus importants.

Que signifie CAC 40 ?
CAC signifie « cotation assistée en continu », cela veut dire que sa valeur varie en permanence tous les jours [...].

Comment interpréter le CAC 40 ?
Le CAC 40 est mesuré en points. Il évolue en référence à sa valeur d'origine de 1 000 points fixée le 31 décembre 1987. Si le CAC 40 vaut 4 000 points, cela signifie que 1 000 € investis en 1987 dans un produit indexé sur le CAC 40 valent 4 000 €.

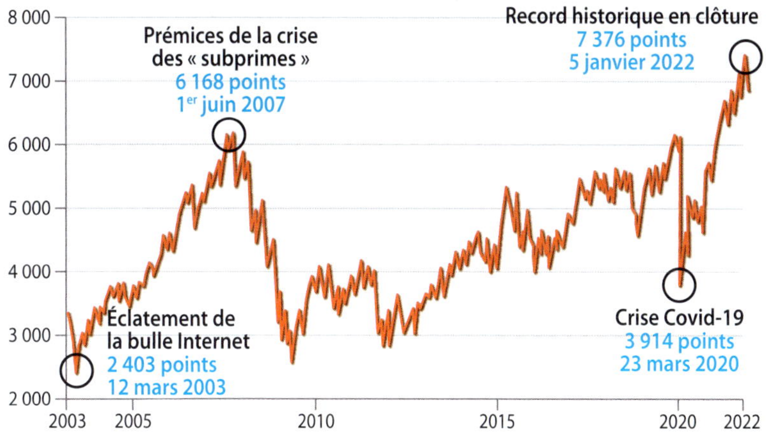

Source : www.lafinancepourtous.com, 15 février 2022.

www.economie.gouv.fr

1 Présentez le CAC 40.

2 Établissez un lien entre la hausse du CAC 40 et le dynamisme de l'activité économique française.

3 Désignez le titre financier qui vous semble le plus risqué entre l'action et l'obligation. Justifiez votre réponse.

Préparer sa synthèse

1 Résumez le fonctionnement du marché financier.

2 Listez au moins un avantage et une limite du financement externe direct.

4 Comment fonctionne le financement externe indirect ?

DOCUMENT 13 Les différentes fonctions des banques

La première des fonctions de la banque, la plus concrète, c'est celle de gérer les moyens de paiement. [À ce jour, seules les banques peuvent rendre ce service.]
Autre fonction, celle d'assurer la sécurité des transactions financières malgré la dématérialisation des titres. Il faut que le vendeur soit bien payé pour le titre vendu, l'acheteur débité pour l'achat et les titres en sécurité.
Troisième grande fonction, celle d'accorder des crédits. En France, l'activité de crédit est très encadrée et ne peut être exercée que par quelques établissements habilités et selon des modalités elles aussi contrôlées.
Quatrième rôle des banques : drainer l'épargne. Une partie de l'épargne sert à consentir des crédits. Une autre partie est placée pour votre compte dans des produits financiers. [...]
Cinquième rôle très important, lié au précédent : pour gérer votre épargne, la banque sert d'intermédiaire sur les marchés financiers.

www.lafinancepourtous.com, 14 décembre 2021.

1. Quelle est la première fonction des banques ?
2. Dans un schéma, montrez la position des banques par rapport aux agents ayant des capacités de financement et les agents ayant des besoins de financement.
3. Le financement de l'activité économique par les banques peut-il être qualifié de financement externe indirect ?
4. Repérez les liens entre les banques et les marchés financiers.

DOCUMENT 14 Le rôle de la Banque centrale européenne (BCE) sur le niveau des taux d'intérêt

Pourquoi [la Banque centrale européenne a-t-elle] augmenté les taux d'intérêt ?
En tant que banque centrale de l'euro, notre mandat est de maintenir la stabilité des prix. Lorsque les prix augmentent trop rapidement dans notre économie (autrement dit, lorsque l'inflation est trop élevée), une hausse des taux d'intérêt nous aide à ramener l'inflation à notre objectif de 2 % à moyen terme. [...]
Que sont les taux d'intérêt ?
Les taux d'intérêt représentent le coût d'un emprunt (on parle parfois du « prix de l'argent »). Si vous souhaitez contracter un prêt auprès d'une banque, vous devez d'abord convenir d'un certain taux, généralement annuel. Supposons que vous empruntiez 10 000 euros à un taux annuel de 3 %. Vous devrez verser chaque année 300 euros à votre banque, en plus du remboursement du prêt. Le taux d'intérêt correspond donc au prix que la banque vous facture pour vous prêter de l'argent. [...]
En fonction de quels critères les taux d'intérêt évoluent-ils ?
Les taux d'intérêt proposés par les banques aux particuliers et aux entreprises varient généralement en lien avec les taux fixés par la BCE, mais ils sont également influencés par d'autres facteurs. Dans une économie de marché comme celle de la zone euro, les taux dépendent aussi de l'offre et de la demande de crédits, autrement dit, des montants que les entreprises et les particuliers souhaitent dépenser et investir, et de l'ensemble du crédit disponible.

www.ecb.europa.eu, © Banque centrale européenne, 23 septembre 2022.

1. Expliquez pourquoi le taux d'intérêt est qualifié de « prix de l'argent ».
2. Établissez un lien entre les décisions de la BCE et les taux d'intérêt proposés par les banques à leurs clients.
3. Précisez si la quantité d'offres et de demandes de crédits est un facteur déterminant sur le niveau des taux d'intérêt.

DOCUMENT 15 Le financement d'un logement par un emprunt bancaire

Le couple Prudence décide d'emprunter la somme de 150 000 € auprès de sa banque pour financer l'acquisition d'un logement. Il ne souhaite pas rembourser plus de 1 000 € par mois.
Voici la réponse de la banque :

> Madame, Monsieur,
>
> Suite à votre demande d'emprunt de 150 000 € pour financer l'acquisition de votre futur logement, nous vous proposons les conditions suivantes :
> — une durée d'emprunt de 15 ans ;
> — un taux d'intérêt de 2,5 %.
> Le coût total des intérêts à payer s'élèvera à 30 000 €. Ainsi, vous vous engagez à nous rembourser la somme totale de 180 000 €.
>
> Cordialement
>
> Votre agence bancaire

Après avoir pris connaissance de l'offre, le couple Prudence hésite, il se demande si une durée de 17 ans ne serait pas plus intéressante pour obtenir une mensualité plus faible.
Voici la nouvelle offre de l'agence bancaire :

> Madame, Monsieur,
>
> Nous avons bien reçu votre nouvelle demande pour votre emprunt de 150 000 €. Les conditions sont les suivantes pour une durée d'emprunt de 17 ans :
> — une mensualité revue à la baisse, soit 987 € ;
> — un taux d'intérêt de 3,5 %.
> Le coût total des intérêts à payer s'élèvera à 49 000 €. Ainsi, vous vous engagez à nous rembourser la somme totale de 199 000 €.
>
> Cordialement
>
> Votre agence bancaire

1. Indiquez la formule de calcul pour retrouver la somme totale à rembourser au terme de l'emprunt.
2. À votre avis, pourquoi le taux d'intérêt n'est-il pas identique dans les deux offres ?
3. Conseillez le couple Prudence dans le choix de l'offre d'emprunt bancaire.

DOCUMENT 16 La supervision des banques

Les banques ne sont pas des entreprises comme les autres. Elles jouent un rôle majeur dans notre vie quotidienne et constituent un rouage essentiel pour les investissements, l'emploi et le bon fonctionnement de l'économie. Pour que chacun ait confiance dans la stabilité du système financier, il faut que les banques soient contrôlées par un organisme reconnu pour son indépendance et son expertise. En France, l'ACPR (Autorité de contrôle prudentiel et de résolution) […] assure cette mission de supervision et de protection de la clientèle des banques. […]
Tous les établissements doivent :
– pouvoir rembourser à tout moment les déposants, car la confiance dans la sécurité des dépôts est impérative ;
– maîtriser leurs risques financiers pour ne pas se mettre en danger, ni les autres établissements et l'ensemble du système.

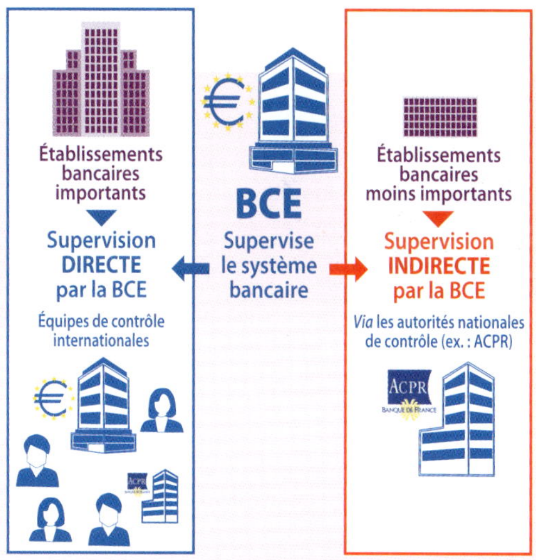

ABC, *L'Éco en bref*, Banque de France, juillet 2020..

1. Montrez que les banques sont des acteurs importants dans le développement de l'activité économique.
2. Précisez les objectifs de la surveillance des banques.
3. À partir de la vidéo, relevez les règles imposées aux banques pour limiter les risques de faillite.

VIDÉO
À quoi sert une banque ?
www.lienmini.fr/10749banque
5:01

Préparer sa synthèse

1. Listez les différents agents économiques qui interviennent dans le financement externe direct.
2. Établissez les liens entre le rôle de la Banque centrale européenne et le financement des agents économiques.

Activités

1 Se tester

QCM INTERACTIF
Testez-vous !
www.lienmini.fr/10749exo9

Répondez par vrai ou faux aux affirmations suivantes puis justifiez vos réponses.

1. **Les administrations publiques sont des agents ayant une capacité de financement comme les ménages français.**
2. **Le financement de l'économie ne concerne que les entreprises.**
3. **Les agents ayant des besoins de financement réalisent des investissements supérieurs à leurs ressources financières.**
4. **L'autofinancement des entreprises est l'équivalent de l'épargne pour les ménages.**
5. **Un taux d'autofinancement supérieur à 100 % signifie que l'autofinancement n'était pas suffisant pour investir.**
6. **Les marchés financiers sont une source de financement indirect.**
7. **Les actions et les obligations constituent des actifs financiers.**
8. **Une obligation est rémunérée par des dividendes.**
9. **Un taux d'intérêt très bas favorise la demande de crédits.**
10. **La Banque centrale européenne a peu d'influence sur le financement de l'économie.**

2 Calculer son budget

En prévision de votre orientation post-bac, vous décidez de prévoir votre budget afin de déterminer votre situation financière : serez-vous un agent à besoins ou à capacités de financement ?
Pour cela, faites les recherches nécessaires pour évaluer le coût de vos dépenses futures (transport, logement, dépenses diverses) et les ressources dont vous pourriez disposer pour financer vos études supérieures.

Reportez les différentes sommes dans le calculateur proposé par le site La finance pour tous.

EN LIGNE
Calculateur de budget simple
www.lienmini.fr/10749calculateur

3 S'entraîner à l'oral : dans la peau d'un journaliste financier

Vous devez présenter une chronique de 2 à 5 minutes lors du prochain journal (radio ou télé). Choisissez un thème parmi ceux proposés ci-dessous, recherchez des informations sur ce thème puis présentez votre chronique devant la classe.

Liste des thèmes :
- Décryptage : comprendre les crypto-monnaies, les fintechs, la blockchain…
- Débat et idées : faut-il avoir peur de la Bourse ?
- Le chiffre de la semaine : présenter et expliquer l'évolution du taux d'intérêt directeur de la BCE, le cours d'une action d'une année sur l'autre ou la situation financière d'un agent économique.
- Culture : un roman graphique, un tableau, une exposition, un spectacle pour parler de la finance ? C'est possible !

4 Travailler la méthode : lire et analyser une carte et un graphique

→ Voir FICHE MÉTHODE 3

Prévision de l'évolution des taux d'intérêt fixés par les banques centrales d'ici fin 2022

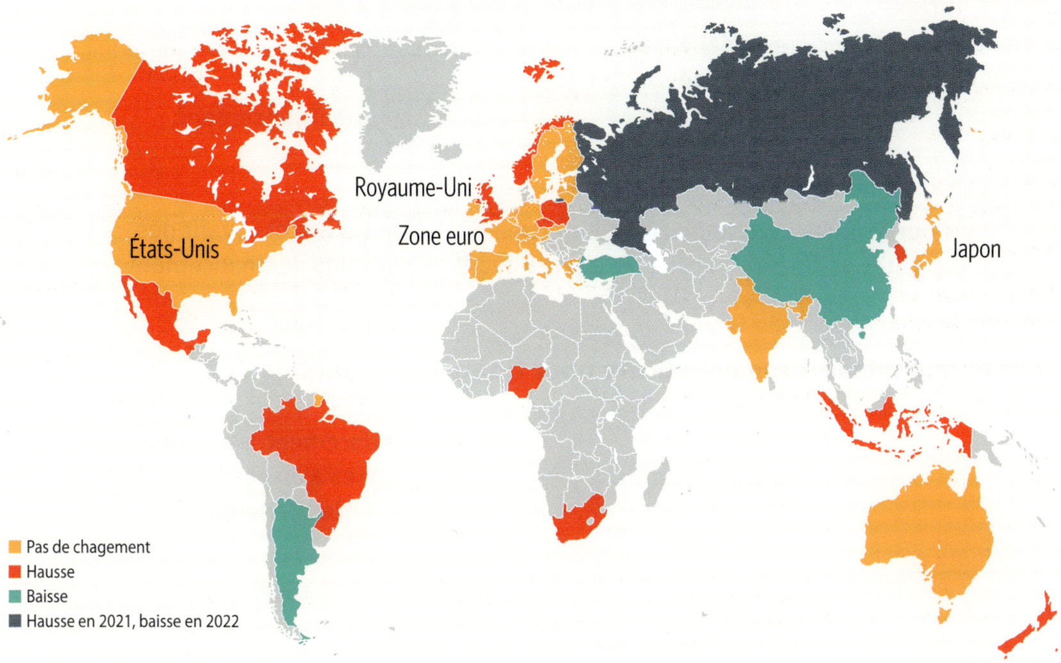

Source : Bloomberg, 9 novembre 2021.

Principaux taux d'intérêt directeurs des banques centrales

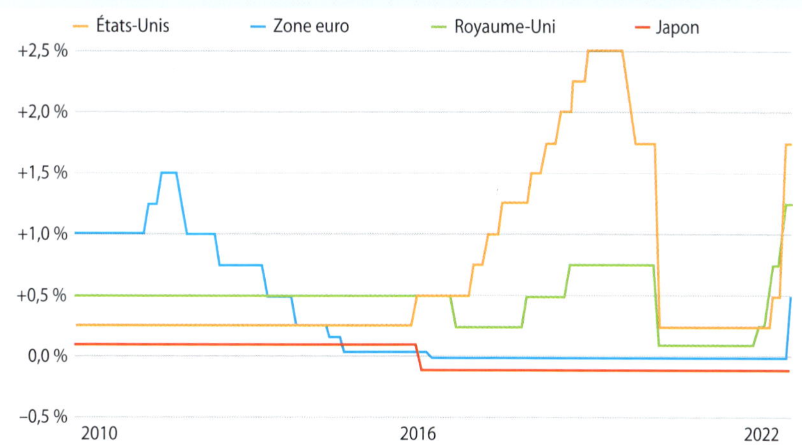

Source : banques centrales.

1. Établissez un lien entre le niveau des taux d'intérêt et l'attractivité des emprunts pour les agents en besoins de financement.
2. Vérifiez si le niveau des taux d'intérêt directeurs décidés en 2022 correspond aux prévisions annoncées fin 2021 par les banques centrales des États-Unis, du Royaume-Uni, de la zone euro et du Japon.
3. Présentez les arguments qui permettent de répondre à la question suivante : Les banques centrales décident-elles du niveau des taux d'intérêt essentiellement pour répondre aux besoins de financement de leur économie ?

L'essentiel en schéma

SKETCHNOTE
www.lienmini.fr/10749sk9

1 Quelles peuvent être les différentes situations financières des agents économiques ?

Ressources financières > dépenses
⇨ L'agent est en **capacité de financement.**

Ressources financières < dépenses
⇨ L'agent est en **besoin de financement.**

Pour financer l'économie, il faut mettre en relation les agents ayant des capacités de financement et les agents ayant des besoins de financement.

2 Quels sont les circuits interne et externe pour financer l'économie ?

- Financement
  - Interne → Autofinancement ⇨ Les ressources financières à disposition couvrent les dépenses.
  - Externe
    - Direct
    - Indirect

3 Comment s'organise le financement externe direct ?

Agents à besoins de financement → **Marché financier** ← Agents à capacités de financement

Marché financier
Émission de titres financiers (actions ou obligations) ⟷ €

4 Comment fonctionne le financement externe indirect ?

Agents à besoins de financement → **Banques** ← Agents à capacités de financement

Banques
Emprunts + intérêts ⟷ €
(Taux d'intérêt décidé par la BCE)

MOTS CLÉS

VOIR LEXIQUE P. 138

- Besoin de financement
- Capacité de financement
- Autofinancement
- Financement externe direct
- Financement externe indirect
- Action
- Obligation
- Taux d'intérêt

Pour réviser le Thème 4 → ENTRAÎNEMENT p. 134

CHAPITRE 10

Le degré de concurrence selon les marchés

THÈME 5
Les marchés des biens et services sont-ils concurrentiels ?

Notions abordées

- L'offre et la demande
- Le prix d'équilibre
- L'élasticité prix-demande
- L'élasticité croisée
- Le coût marginal
- La concurrence, oligopole, monopole, cartel
- La concurrence imparfaite
- Les barrières à l'entrée
- Les produits substituables, produits complémentaires
- L'indice de concentration sur un marché

Pour être capable

- De définir un « marché pertinent ».
- D'identifier les intervenants sur un marché.
- De calculer un degré de concentration des marchés.
- De déterminer la fixation du prix sur un marché concurrentiel.
- De calculer et d'interpréter une élasticité-prix de la demande dans des exemples simples.
- D'analyser les stratégies de fixation des prix par les entreprises en fonction de la structure des coûts et de la concentration du marché.
- De calculer un coût moyen et un coût marginal de production avec des exemples simples et en interpréter les résultats.

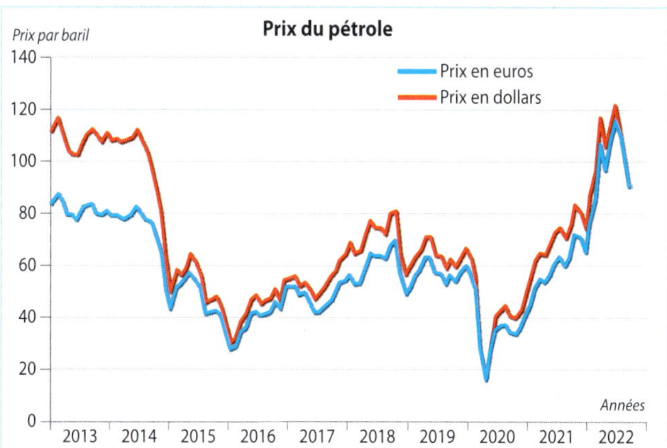

Source : Insee.

❶ Comment évolue le prix du baril de pétrole depuis 2013 ?

❷ Existe-t-il des alternatives à la consommation de carburant quand le prix de celui-ci devient élevé ?

LANCER LA SÉANCE

VIDÉO EN QUESTIONS

Le pétrole est-il toujours de l'or noir ?
www.lienmini.fr/10749petrole

❶ Comment s'appelle l'organisation mise en place par les pays producteurs de pétrole ?

❷ Quel était l'objectif principal de la création de cette organisation ?

❸ Quel concurrent est arrivé sur le marché du pétrole en 2008 et grâce à quelle technologie ?

❹ Quel a été l'impact de l'arrivée de ce nouveau concurrent sur les prix ?

1 Comment se forme en théorie le prix d'équilibre sur un marché ?

DOCUMENT 1 La notion de marché pertinent par l'Autorité de la concurrence

Autorité de la concurrence

Le Conseil a donné dans ses rapports précédents la définition suivante du marché pertinent : « Le marché, au sens où l'entend le droit de la concurrence, est défini comme le lieu sur lequel se rencontrent l'offre et la demande pour un produit ou un service spécifique. En théorie, sur un marché, les unités offertes sont parfaitement substituables pour les consommateurs qui peuvent ainsi arbitrer entre les offreurs lorsqu'il y en a plusieurs, ce qui implique que chaque offreur est soumis à la concurrence par les prix des autres. À l'inverse, un offreur sur un marché n'est pas directement contraint par les stratégies de prix des offreurs sur des marchés différents, parce que ces derniers commercialisent des produits ou des services qui ne répondent pas à la même demande et qui ne constituent donc pas, pour les consommateurs, des produits substituables. Une substituabilité parfaite entre produits ou services s'observant rarement, le Conseil regarde comme substituables et comme se trouvant sur un même marché les produits ou services dont on peut raisonnablement penser que les demandeurs les considèrent comme des moyens alternatifs entre lesquels ils peuvent arbitrer pour satisfaire une même demande. […] »

L'objectif poursuivi *in fine* par l'Autorité de la concurrence à travers la notion de marché pertinent est d'apprécier le pouvoir de marché d'une entreprise, c'est-à-dire sa capacité à augmenter ses prix au-delà du prix concurrentiel, sans que la baisse des ventes qui en résulte annule la hausse des profits escomptés.

Autorité de la concurrence, *Rapport annuel*, mars 2009.

1. Énoncez la fonction principale du marché.
2. Relevez la définition d'un marché pertinent.
3. Identifiez les offreurs et les demandeurs sur un marché.
4. Expliquez si tous les produits offerts sont identiques sur un marché pertinent.
5. Précisez l'intérêt pour l'Autorité de la concurrence de définir la notion de marché pertinent.

DOCUMENT 2 La relation entre offre, demande et prix

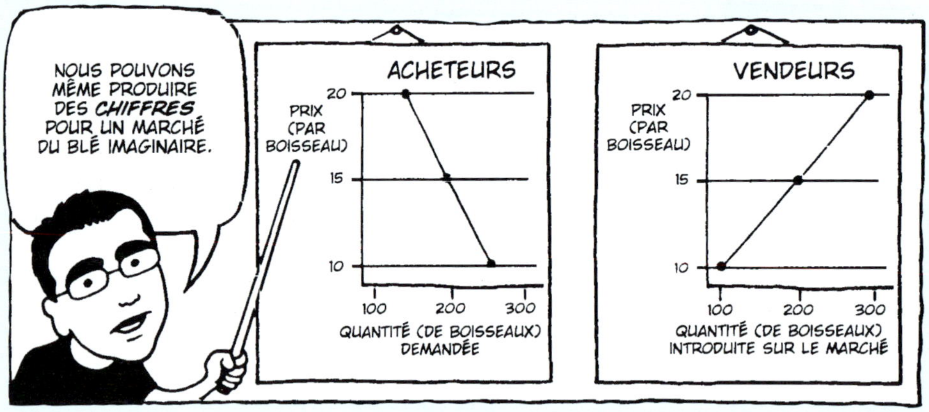

Michael Goodwin, Dan E.Burr, *Economix : la 1re histoire de l'économie en BD*, Les Arènes.

MÉTHODE

Une **image** véhicule un message avec ses propres codes et a toujours une ou plusieurs fonctions. Pour l'analyser, il faut :

1. Décrire objectivement (« ce que je vois »).
2. Mettre en contexte (« ce que je sais »).
3. Interpréter et critiquer (« ce que j'en déduis »).

1. Repérez le sens dans lequel évolue la demande du boisseau de blé par rapport au prix.
2. Déterminez ce qu'il advient de la demande quand le prix d'un produit augmente.
3. Repérez le sens dans lequel évolue l'offre du boisseau de blé par rapport au prix.
4. Déterminez ce qu'il advient de l'offre quand le prix d'un produit augmente.

DOCUMENT 3 La formation du prix d'équilibre sur un marché

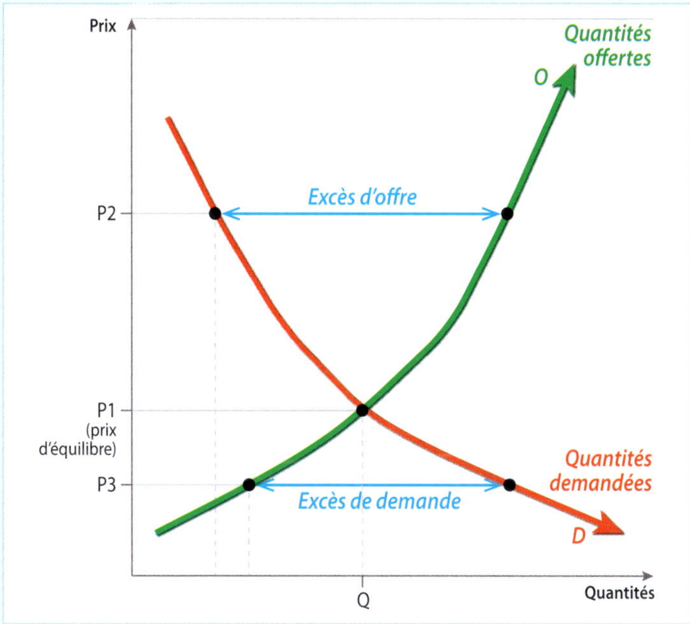

© Delagrave, 2023.

1. Décrivez l'évolution des courbes de demande et d'offre en fonction du prix.
2. Présentez successivement les situations représentées en P2 et P3.
3. Expliquez pourquoi P1 est considéré comme le prix d'équilibre.
4. Précisez, dans le cadre de P2 et P3, comment le marché peut revenir à l'équilibre.

DÉFINITIONS

La **loi de la demande** indique que, toutes choses étant égales par ailleurs, le volume de la demande évolue dans le sens inverse des prix ; la **loi de l'offre** indique que, toutes choses étant égales par ailleurs, le volume de l'offre évolue dans le même sens que les prix. Ces évolutions inversées représentées sur un même graphique aboutissent à une intersection qui est l'**équilibre du marché** : tous ceux qui veulent acheter au prix déterminé par la rencontre de l'offre et de la demande ou pour un prix plus élevé seront satisfaits et tous ceux qui veulent vendre pour ce prix ou pour un prix inférieur seront aussi satisfaits.

VIDÉO

Comment expliquer la hausse du prix de la moutarde ?
www.lienmini.fr/10749moutarde
1:33

- Précisez les raisons (en termes d'offre et de demande) pour lesquelles le prix de la moutarde s'est envolé dès 2021.

DOCUMENT 4 Une hausse du prix des céréales historique

Déjà au plus haut depuis l'été [2021], les cours de céréales ont atteint un niveau historique jeudi matin après l'invasion de l'Ukraine par la Russie, deux superpuissances agricoles. Alors qu'un record avait déjà été atteint en novembre, la tonne de blé s'est vendue à 344 euros à l'ouverture des marchés jeudi, avant de diminuer légèrement. […] Les cours du blé et du maïs ont pris 10 % hier, et cela change toutes les heures. Les évolutions de prix que l'on constate en quelques heures sont extrêmement inédites. Il y a deux ans, la tonne de blé était à 120 euros, aujourd'hui elle est à plus de 300. Historiquement, les prix agricoles sont extrêmement volatils. Les marchés réagissent à une myriade de facteurs comme le climat, des problématiques logistiques ou des annonces politiques, mais là on a un épisode géopolitique majeur qui montre que, parfois, les prix des produits agricoles peuvent réagir fortement pour des raisons non agricoles. Le marché était déjà très nerveux à cause de la crise sanitaire, qui a intensifié les problématiques agricoles et alimentaires au niveau mondial. Certains pays ont fait des stocks, le prix de l'énergie et du fret a augmenté, ce qui a conduit à des prix très élevés. Aujourd'hui, le contexte géopolitique exacerbe une tension structurelle.

Pauline Moullot, www.libération.fr, 25 février 2022.

1. Relevez les caractéristiques de l'offre de blé au début de l'année 2022.
2. Expliquez l'impact sur le prix d'équilibre de l'offre de blé.

Préparer sa synthèse

1. Présentez les notions d'offre et de demande.
2. Formulez la loi de l'offre et de la demande en expliquant le rôle du prix sur un marché.

2 Quels sont les facteurs qui influencent l'offre et la demande ?

DOCUMENT 5 L'influence des prix sur la demande et l'effet de substitution

L'intensité de réaction de la demande d'un bien aux fluctuations du prix est variable. Pour mesurer cette intensité, on utilise le concept d'élasticité. L'élasticité est tout simplement le rapport entre le pourcentage de variation de la demande d'un bien et le pourcentage de variation de son prix :

$$\textbf{Élasticité-prix} = \frac{\text{\% de variation de la demande d'un bien}}{\text{\% de variation du prix de ce bien}}$$

L'effet du prix étant normalement négatif, ce rapport est également négatif. Une élasticité égale à – 2 signifie qu'une augmentation du prix de 1 % entraîne une diminution de la quantité demandée de 2 %.
Plus un bien a de substituts disponibles sur le marché, plus sa demande est élastique. En revanche, certains biens pour lesquels il existe peu de biens substituables ont une demande inélastique (on dit aussi rigide). Ainsi, par exemple, les augmentations successives du prix du tabac ont peu d'effet sur sa consommation à court terme, parce que la suppression du tabac crée une sensation de manque que peu d'autres substances peuvent soulager.

Jacques Généreux, *Introduction à l'économie*, Points, 2017.

1. Donnez la signification d'une élasticité-prix de la demande égale à –2.
2. Expliquez l'effet de substitution sur la demande.
3. Pensez-vous que la demande de carburant est plutôt élastique ou rigide par rapport au prix ?
4. Calculez l'élasticité de la demande du brocoli sachant que le prix du kilo passe de 4 à 7 € et que la demande diminue de 90 %. Qualifiez cette élasticité-prix de la demande. À votre avis, existe-t-il des biens substituables aux brocolis ?

FOCUS

Demande élastique ou rigide ?
En valeur absolue, si $E > 1$, alors la demande est élastique car le changement de prix entraîne proportionnellement une variation plus importante de la demande.
Au contraire, si $E < 1$, la demande est inélastique ou rigide car le changement de prix provoque proportionnellement une variation plus faible de la demande.

DOCUMENT 6 Interpréter des calculs d'élasticité prix-demande pour mieux comprendre

Victime de la concurrence des plateformes de commerce en ligne, et devant la baisse de son chiffre d'affaires, le responsable d'un grand magasin décide d'augmenter les prix de deux produits très vendus au moment des fêtes de Noël.

	Prix 2022	Prix 2023	Quantités vendues en 2022	Quantités vendues en 2023
Écharpe avec cachemire	30 €	40 €	1000	900
Téléphone portable SAMPPLE 14	1000 €	1100 €	200	250

1. Calculez l'élasticité de la demande par rapport au prix de ces deux produits.
2. Recopiez puis complétez le tableau ci-dessous compte tenu de l'élasticité de la demande des deux articles (calculée à la question 1) par rapport au prix.

Variation des prix	- 50 %	- 25 %	+ 25 %	+ 50 %
Variation de la demande d'écharpe				
Variation de la demande de SAMPPLE 14				

3. Précisez en quoi l'élasticité-prix de la demande du produit SAMPPLE 14 est particulière.

DOCUMENT 7 L'élasticité-prix croisée de la demande

L'élasticité-prix croisée de la demande mesure la sensibilité de la demande d'un produit au changement de prix d'un autre produit. Elle indique, par exemple, comment réagit la demande de pommes de terre (en %) par rapport à une augmentation relative du prix des carottes (en %). Ce concept permet notamment de déterminer si deux biens sont des substituts ou des compléments. [...]

$$\text{Élasticité-prix croisée} = \frac{\text{\% de variation de la demande d'un bien}}{\text{\% de variation du prix d'un autre bien}}$$

S'il s'agit de substituts quasi parfaits, l'élasticité-prix croisée sera positive et très élevée. À l'inverse, elle sera faible s'ils ne sont pas réellement proches. [...] L'élasticité-prix croisée de la demande indique combien la demande qui s'adresse à une entreprise est sensible aux variations de prix des produits rivaux.

John Sloman, *Principes d'économie*, 9e édition, Pearson, 2015.

1. Présentez la notion d'élasticité-prix croisée de la demande.
2. Calculez l'élasticité-prix croisée si l'augmentation du prix du jus d'orange de 8 % entraîne une augmentation de la demande de jus de pomme de 2 %. S'agit-il de substituts ou de compléments ?
3. Calculez l'élasticité-prix croisée si l'augmentation du prix du beurre de 4 % entraîne une augmentation de la demande de confiture de 3 %. S'agit-il de substituts ou de compléments ?

DOCUMENT 8 L'influence des coûts sur l'offre de production

Le profit est la différence entre les recettes et les coûts de production. Chaque unité produite entraîne une recette supplémentaire, la recette marginale, et un coût de production supplémentaire, le coût marginal. Tant que la recette marginale est supérieure au coût marginal, l'entreprise a intérêt à produire une unité supplémentaire. [...]
Pour développer sa production, l'entreprise doit utiliser davantage de travail, qu'elle va payer au taux de salaire actuellement pratiqué sur le marché du travail. [...] Le coût de production d'une unité de bien supplémentaire (le coût marginal) est alors égal au salaire de ce travailleur divisé par la quantité de biens supplémentaires qu'il permet de produire. [...] Tant que le coût marginal est inférieur, la recette de l'entreprise augmente plus vite que ces coûts, le profit s'améliore et l'entreprise a intérêt à développer sa production. L'entreprise qui cherche le profit maximum continue donc à produire jusqu'au moment où le coût d'une unité supplémentaire de production est égal au prix de vente. Le coût marginal doit être égal au prix. L'entreprise s'arrête là car, au-delà, les coûts progressent plus vite que les recettes, et le profit diminue.

Jacques Généreux, *Introduction à l'économie*, Points, 2017.

1. Présentez la notion de coût marginal.
2. Identifiez ce qui incite l'entreprise à produire davantage.
3. Déterminez le niveau de production idéal pour une entreprise.

MÉMO CALCUL

Coût moyen (CM) = Coût total (CT) / Quantités (Q)
Coût marginal (Cm) = Δ CT / ΔQ
Tant que les quantités supplémentaires coûtent moins que la moyenne, leur production diminue le coût moyen. De ce fait, lorsque le Cm est inférieur au CM, ce dernier décroît.

DOCUMENT 9 Calculer des coûts pour mieux comprendre

Un restaurateur propose une salade de fruits sur sa carte tous les vendredis. Il évalue les charges liées à la production d'une salade de fruits pour 5 clients :
- acheter les fruits : coût de 5 € ;
- préparer la salade : 20 minutes donc 20 €.

1. Calculez le coût moyen de la salade de fruits par personne.
2. Calculez le coût marginal d'un sixième client sachant que seul le coût des fruits augmentera de 1€ et que le temps de travail restera constant. Recalculez le coût moyen dans ce cas et concluez.

Préparer sa synthèse

1. Expliquez la différence entre l'élasticité-prix croisée et l'élasticité-prix de la demande.
2. Présentez l'intérêt de calculer un coût marginal pour une entreprise.

3 Comment la structure des coûts et le degré de concentration sur un marché influencent-ils la fixation des prix ?

DOCUMENT 10 La concurrence imparfaite ou le pouvoir de faire les prix

Certes, la concurrence parfaite est un aiguillon, et un aiguillon puissant, puisque c'est la survie même de l'entreprise qui est en jeu. Mais, quand bien même le producteur parviendrait à relever le défi, il n'en retirerait que des bénéfices limités, vite remis en cause par les concurrents. Aussi, dans la réalité, chaque entreprise cherche à s'éloigner du gouffre menaçant pour assurer sa pérennité. Loin d'être « preneur de prix » (*price taker*), c'est-à-dire dans l'obligation d'accepter les prix du marché, tout producteur cherche à les fixer librement ou, au moins, à pouvoir les influencer. [...] La concurrence parfaite implique que les concurrents proposent des biens ou services similaires, voire identiques (homogénéité). On s'appliquera alors à se différencier des concurrents par la marque (Dior), la publicité (Danone), les brevets (Sanofi), l'innovation (Apple). La concurrence parfaite implique que, sur chaque marché particulier, l'entrée d'un nouveau concurrent soit libre. On lui barrera la route par les mêmes moyens ou par l'ampleur des fonds à réunir pour entrer sur le marché, s'y faire connaître, atteindre une taille minimale ou cibler les clients visés. Bref, la concurrence parfaite cède la place à la concurrence imparfaite ou monopolistique, qui est aujourd'hui largement la règle : même les petits producteurs se différencient en adhérant à une franchise (Dessange par exemple pour les coiffeurs) ou en respectant le cahier des charges d'une production d'appellation protégée (le comté par exemple). Cela ne signifie pas que la concurrence n'existe pas, mais qu'elle est limitée par des différenciations plus ou moins fortes entre produits d'une même famille.

Denis Clerc, www.aternatives-economiques.fr

1. Identifiez les deux principales caractéristiques qui distinguent la concurrence parfaite de la concurrence imparfaite sur un marché.
2. Expliquez pourquoi la concurrence imparfaite est une situation de marché moins théorique que la concurrence parfaite.
3. Donnez des exemples de marché en situation de concurrence imparfaite.

VIDÉO

La concurrence
www.lienmini.fr/10749concurrence
5:32

1. Présentez les trois principales structures de marché.
2. Illustrez-les par des exemples.

DOCUMENT 11 Le « cartel du jambon » sanctionné 93 millions d'euros par l'Autorité de la concurrence

Les industriels concernés (les « charcutiers-salaisonniers ») se coordonnaient pour acheter moins cher les pièces de jambon auprès des abatteurs et/ou s'entendaient par ailleurs sur les hausses de prix des produits charcutiers qu'ils entendaient pratiquer auprès des enseignes de la grande distribution, pour leurs marques de distributeurs (MDD) ou « premiers prix ».

Cartel dans le secteur du jambon et de la charcuterie
Les ententes concernaient l'amont et l'aval.

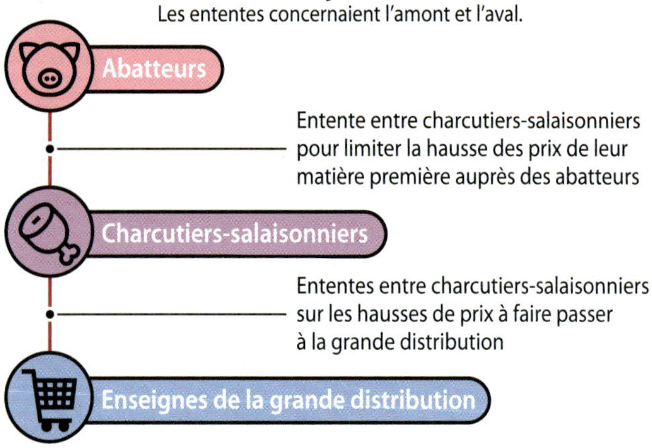

Source : Autorité de la concurrence, 16 juillet 2020.

1. Indiquez pourquoi les industriels de la charcuterie-salaison ont été sanctionnés.
2. Précisez l'effet recherché sur les prix par les industriels.
3. Déduisez-en la définition d'un cartel.

DOCUMENT 12 Contrôler les concentrations pour maintenir un niveau de concurrence efficace sur les marchés

Si les opérations de fusion-acquisition peuvent être bénéfiques pour la croissance en permettant des synergies et par l'atteinte d'une taille critique, une trop grande concentration du marché peut être néfaste pour l'économie et les consommateurs. En effet, les entreprises qui, à la faveur d'un rachat, acquièrent ou renforcent leur pouvoir de marché, peuvent être tentées de pratiquer des prix plus élevés qu'auparavant, de dégrader la qualité des services proposés ou encore de ralentir le rythme de l'innovation. Le contrôle des concentrations constitue à cet égard un puissant garde-fou, en permettant le maintien d'une animation concurrentielle suffisante, après la réalisation de l'opération.

Dans le cas de la distribution de détail de produits, tels que l'habillement, les jouets ou les produits bio, l'Autorité de la concurrence a été amenée, au cours de ces dernières années, à contrôler de nombreuses opérations de fusion-acquisition, qui étaient susceptibles d'affecter la concurrence au niveau de certaines zones de chalandise. Dans les zones problématiques pour la concurrence, l'Autorité est intervenue et a obtenu des engagements de cessions de magasins. Ce fut par exemple le cas en 2021 concernant [...] le rachat des 95 magasins de Maxi Toys par Fijace (groupe King Jouet) qui a été autorisé sous réserve de la cession de trois points de vente en Meurthe-et-Moselle, en Isère et dans le Var. [...] Dans certains cas très rares, lorsqu'aucune mesure corrective (engagements ou injonctions) ne peut véritablement résoudre l'atteinte concurrentielle identifiée, l'Autorité peut même être amenée à interdire une opération de fusion-acquisition.

Autorité de la concurrence, *Rapport annuel* 2021.

VIDÉO

Barrières à l'entrée et stratégies de différenciation entre concurrents
www.lienmini.fr/10749barrieres
3:35

1. Présentez les raisons qui expliquent les situations de concurrence imparfaite.
2. Pourquoi l'État est-il amené à intervenir dans certaines de ces situations ?

---

1. Indiquez quelles opérations peuvent être à l'origine d'une concentration sur un marché.
2. Déduisez-en le sens de la notion de concentration sur un marché.
3. Expliquez pourquoi la concentration des marchés comporte un risque pour les consommateurs.

DÉFINITION

Indice d'Herfindahl-Hirschmann (IHH) : indice mesurant la concentration d'un marché. Il est établi en additionnant le carré des parts de marché (généralement multipliées par 100) de toutes les entreprises du secteur considéré. Plus l'IHH d'un secteur est fort, plus la production est concentrée :

— IHH < 1 000 → marché peu concentré ;

— 1 000 < IHH < 2 000 → marché relativement concentré ;

— IHH > 2 000 → marché très concentré.

Préparer sa synthèse

- Construisez un tableau résumant les caractéristiques des stratégies des entreprises permettant d'influencer les prix.

Activités

1 Se tester

QCM INTERACTIF
Testez-vous !
www.lienmini.fr/10749exo10

Répondez par vrai ou faux aux affirmations puis justifiez vos réponses.

1. **Les prix sur le marché du pétrole ont tendance à baisser.**
2. **Il existe autant de marchés que de produits.**
3. **Un marché pertinent est toujours un lieu physique.**
4. **La demande évolue dans le même sens que le prix.**
5. **En situation de pénurie, l'offre est supérieure à la demande.**
6. **L'offre et la demande s'ajustent par tâtonnements.**
7. **Une élasticité-prix de la demande égale à 0,25 signifie que la demande est inélastique par rapport au prix.**
8. **La transparence est la condition de concurrence qui permet aux offreurs d'entrer facilement sur un marché.**
9. **Un cartel est une fusion de plusieurs entreprises.**
10. **L'élévation du niveau de concentration d'un marché a tendance à faire augmenter les prix.**

2 Calculer le coût marginal et le coût moyen

Le tableau ci-dessous présente l'évolution (exprimée par série de 100 unités) de la production et des coûts d'une entreprise manufacturière spécialisée dans le textile, au cours d'une période. Le prix de vente unitaire des sweat-shirts fabriqués est de 33 €.

Séries N°	Quantité cumulée	Charges cumulées			Coût marginal		Coût moyen unitaire
		Variables	Fixes	Totales	Par série	Unitaire	
1	100	2 000	8 000	10 000			
2	200	4 000	8 000	12 000			
3	300	6 000	8 000	14 000			
4	400	8 000	10 000	18 000			
5	500	10 000	10 000	20 000			
6	600	12 000	10 000	22 000			
7	700	14 700	10 000	24 700			
8	800	17 600	10 000	27 600			
9	900	18 180	12 000	30 180			
10	1 000	20 000	12 000	32 000			
11	1 100	21 800	12 000	33 800			
12	1 200	23 800	12 000	35 800			
13	1 300	26 050	12 000	38 050			
14	1 400	28 600	12 000	40 600			
15	1 500	31 500	12 000	43 500			
16	1 600	34 800	12 000	46 800			

1. Reproduisez le tableau ci-dessus sur une feuille de calcul.
2. Automatisez les colonnes de coût marginal par série et par unité, et de coût moyen.
3. Déterminez le niveau de production optimal, sachant que le profit total est maximum lorsque la recette marginale est égale au coût marginal (soit ici 33 €).
4. Grâce à la fonction grapheur du logiciel, effectuez une représentation graphique des courbes de coût marginal unitaire, coût moyen et prix de vente.
5. Vérifiez et commentez les résultats obtenus.

➔ Voir FICHE MÉTHODE 1

3 Lire et analyser un texte

Faut-il avoir peur de l'ouverture à la concurrence du train en France ?

Il y a quelques jours, la SNCF a soufflé sa 84e bougie. Autant d'années de monopole sur le train français, qui est en passe de se terminer. Alors que l'entreprise finissait son gâteau d'anniversaire, deux petits séismes, à l'échelle du monde ferroviaire, étaient annoncés à quelques jours d'intervalle. Le premier : la compagnie italienne Thello fera rouler ses premiers TGV entre Paris et Lyon à partir du mois d'octobre [2021]. Le second : le Français Transdev a été retenu par la région PACA (Provence-Alpes-Côte d'Azur) pour exploiter la ligne de TER Nice-Marseille à partir de l'été 2025, au détriment de la SNCF. Faut-il s'inquiéter de cette perte de monopole ? Avant de répondre à la question, il est indispensable de bien comprendre de quoi on parle.

Une concurrence sous le contrôle des pouvoirs publics

Le ferroviaire, comme beaucoup de services de réseaux, constitue ce que les économistes appellent un monopole naturel : il est inutile, pour un opérateur privé, de construire une voie ferrée à côté d'une autre voie ferrée. Mieux vaut que la puissance publique construise une seule voie, et qu'elle soit ensuite optimisée. Raison pour laquelle, pendant longtemps, et quasiment partout en Europe, un opérateur national unique gérait à la fois le réseau et les trains.

Dès 1991, les membres de l'Union européenne décident cependant d'ouvrir les trains à la concurrence, dans l'espoir d'augmenter l'offre et de faire baisser les prix. La première étape consiste alors à scinder la gestion du réseau et son exploitation. En France, SNCF Réseau gère désormais l'infrastructure et SNCF Voyageurs fait circuler des trains. Le second paye des péages au premier quand il fait rouler des trains, tout comme Thello le fera à partir d'octobre sur l'axe Paris-Lyon. L'ouverture à la concurrence ne concerne donc pas la gestion de l'infrastructure, qui reste 100 % publique. [...]

La promesse d'une offre plus étoffée

L'ouverture à la concurrence dans le ferroviaire ne prendra donc pas la forme d'une intrusion sauvage et incontrôlée du privé, mais restera largement contrôlée par les pouvoirs publics. Faut-il attendre de ce mariage public-privé un bel avenir pour le train ? Beaucoup de spécialistes du sujet le pensent. Ils estiment en effet que la SNCF était devenue peu efficace, notamment en raison du statut de cheminot, qui prévoit une faible polyvalence des missions des agents. C'est l'argument principal qu'a utilisé Transdev, concurrent de la SNCF, pour convaincre la région PACA. Ses salariés, agents du privé de droit commun, peuvent effectuer de nombreuses missions : conduire, contrôler, etc., là où les cheminots au statut n'ont généralement qu'une seule mission. Transdev a promis en conséquence à la région PACA de faire circuler plus de trains qu'actuellement entre Nice et Marseille, au même prix que ce que faisait la SNCF jusque-là. [...]

La concurrence n'est pas un facteur décisif pour la qualité du service

Les observateurs plus critiques [...] craignent un scénario dans lequel tous les néoconcurrents, SNCF comprise, se battent pour exploiter les lignes les plus rentables, sans avoir à assumer le coût des plus petites. Ils craignent aussi que l'ouverture à la concurrence se transforme en course aux prix les plus bas, au détriment de la sécurité des voyageurs.

De ce point de vue, l'exemple britannique est souvent cité. Après avoir privatisé tout son système au milieu des années 1990 (y compris le gestionnaire de réseau), le Royaume-Uni a déchanté. Il a d'abord renationalisé la gestion du réseau à la suite d'accidents trop récurrents (2002), puis ces derniers mois, la gestion de certaines lignes, à cause d'innombrables retards et du coût des billets qui s'est envolé pour l'usager. Mais l'ouverture à la concurrence – plus limitée et plus contrôlée – s'est mieux passée ailleurs : en Allemagne, comme on l'a déjà évoqué, ou en Italie sur les grandes lignes de TGV.

Les comparaisons européennes « brutes » n'ont pas beaucoup de sens, car l'objectif final (un train fréquent, confortable, abordable et ponctuel) dépend de nombreux facteurs. Parmi eux, l'ouverture (ou non) à la concurrence n'est pas le plus décisif. Le point commun des systèmes ferroviaires performants réside en effet dans le haut niveau de dépenses publiques qu'ils nécessitent et l'implication du donneur d'ordre.

Vincent Grimault, www.alternatives-économiques.fr, 15 septembre 2021.

1. Caractérisez la structure du marché du transport ferroviaire de voyageurs.
2. Indiquez comment s'est organisée l'ouverture à la concurrence de ce marché.
3. Expliquez les avantages attendus de cette ouverture à la concurrence.
4. À partir du texte, de vos connaissances et de recherches complémentaires, présentez les arguments qui permettent de répondre à la question suivante : L'ouverture à la concurrence du transport ferroviaire ne génère-t-elle que des effets positifs pour le fonctionnement du marché ?

L'essentiel en schéma

SKETCHNOTE
www.lienmini.fr/10749sk10

1 Comment se forme en théorie le prix d'équilibre sur un marché ?

Offre
(émane des producteurs)

Demande
(émane des consommateurs)

Se rencontrent sur un :

Marché pertinent

Prix d'équilibre
Prix qui s'établit spontanément par égalisation de l'offre et de la demande

Si O > D
(sur un marché en concurrence)
= surproduction

Si O < D
(sur un marché en concurrence)
= pénurie

2 Quels sont les facteurs qui influencent l'offre et la demande ?

Prix → Élasticité de la demande ← Biens de substitution

Coûts de production → Niveau de l'offre ← Concurrents

3 Comment la structure des coûts et le degré de concentration sur un marché influencent-ils la fixation des prix ?

Concurrence parfaite

Dont les entreprises tentent de s'affranchir par différentes stratégies :

Barrières à l'entrée
Obstacle qui rend difficile ou impossible l'implantation d'une entreprise sur un marché

Cartels
Entente entre entreprises d'un même secteur d'activité afin de limiter la concurrence en s'accordant sur les prix et le partage du marché

Stratégies de différenciation
Développement de caractéristiques produit perçues comme unique par le consommateur (ex. : brevet)

MOTS CLÉS

VOIR LEXIQUE P. 138

- Offre
- Demande
- Marché pertinent
- Prix d'équilibre
- Élasticité-prix de la demande
- Élasticité-prix croisée
- Concurrence
- Concurrence imparfaite
- Barrières à l'entrée
- Monopole
- Oligopole
- Cartel

CHAPITRE 11

Les stratégies pour dépasser l'intensité concurrentielle

THÈME 5
Les marchés des biens et services sont-ils concurrentiels ?

Notions abordées

- L'innovation, la différenciation des produits
- Le monopole, l'oligopole

Pour être capable

- De caractériser la structure des différentes formes de concentration : concurrence, oligopole et monopole.
- D'analyser les stratégies de fixation des prix par les entreprises en fonction de la structure des coûts et de la concentration du marché.
- De déterminer si une modification des prix s'accompagne d'une évolution des caractéristiques des produits.

1 Quels sont, d'après vous, les constructeurs de smartphones en situation de concurrence ?
2 De quels moyens usent-ils pour se différencier de leurs concurrents ?
3 Ces moyens vous semblent-ils efficaces ?

LANCER LA SÉANCE

VIDÉO EN QUESTIONS

La bataille des supermarchés concurrents
www.lienmini.fr/10749supermarche

3:10

1 Rappelez ce qu'est la concurrence parfaite.
2 Identifiez les moyens utilisés par les supermarchés pour se concurrencer.
3 Déduisez-en la situation de marché des supermarchés dans cette région.

1 Quels sont les moyens au service des entreprises pour dépasser l'intensité de la concurrence sur un marché ?

A La stratégie de différenciation des produits

DOCUMENT 1 L'utilisation de signes distinctifs

1. Identifiez les différents signes présentés ci-dessus.
2. Illustrez les différents signes par un exemple de produit.
3. Déterminez le rôle de l'utilisation de ces signes pour une entreprise.
4. Présentez-en les conséquences en termes de prix des produits.

VIDÉO
Les labels alimentaires
www.lienmini.fr/10749label
2:03

DOCUMENT 2 La différenciation : une stratégie pour s'affranchir de la concurrence

Toutes les Rolex prennent-elles en valeur sur le long terme ? En proie à la crise sanitaire et à la guerre en Ukraine, certains investisseurs déboursent des millions pour acquérir ces « garde-temps » qui peuvent s'avérer très rentables rapidement... [...] « Le prix moyen d'une Rolex dans le monde est de 12 000 euros », souligne Olivier R. Müller, fondateur de LuxeConsult, cabinet spécialisé dans la création de valeur pour les innovateurs de l'industrie horlogère. [...]
La force de Rolex réside notamment dans ses techniques de production selon Olivier R. Müller qui rappelle que « Rolex fabrique tout en interne et utilise ses propres mouvements mécaniques ». De même, la marque suisse produit elle-même les métaux qu'elle utilise, comme l'or ou le platine, et dispose de son propre laboratoire de recherche et développement. [...] Ainsi, Rolex garde un contrôle quasi total sur ses coûts de production, et peut ainsi jouer sur la rareté de ses produits.
En outre, Rolex affiche un marketing d'exception qui reste un de ses atouts majeurs. Depuis sa création en 1905, la marque suisse associe en effet performance et haute qualité de ses produits. Ainsi dès 1927, la nageuse britannique Mercedes Gleitze entame une traversée de la Manche à la nage avec une Rolex Oyster, la première montre résistante à l'eau. La traversée fut écourtée mais la montre réalise l'exploit de ressortir en parfait état de marche. [...] Riche de sa stratégie dans le milieu sportif grâce à des personnalités prestigieuses comme Tiger Woods, Roger Federer ou Karim Benzema, la marque touche également le monde du cinéma au travers de films comme James Bond ou d'acteurs comme Robert de Niro, Marlon Brando ou Ashton Kutcher plus récemment.

Loïs Larges et Nicolas Sandanassamy, www.capital.fr, 7 avril 2022.

1. Relevez les moyens mis en œuvre par Rolex pour se différencier de la concurrence.
2. Estimez si les coûts de production d'une Rolex peuvent expliquer son prix élevé.
3. Déterminez dans quelle mesure la rareté du produit permet d'agir sur son prix.

DÉFINITION

Stratégie de différenciation : stratégie marketing qui permet d'obtenir un avantage concurrentiel et qui se base sur la proposition d'une offre unique dont la valeur ajoutée est reconnue par les clients. Adopter une stratégie de différenciation permet à une marque de s'imposer et de prendre des parts de marché.

B La stratégie d'innovation

DOCUMENT 3 Fairphone, le pari du smartphone écologique

Le ton est donné dès l'ouverture de la boîte d'emballage du Fairphone avec, à la place du chargeur, un tournevis. Le fabricant de ces smartphones met en avant l'outil indispensable aux changements de pièces afin de faire durer plus longtemps ses appareils. Avec quatre modèles à ce jour, le néerlandais Fairphone (littéralement « téléphone équitable ») a déjà écoulé plusieurs centaines de milliers de produits en l'espace d'une petite décennie et acquis l'image du fabricant éthique de smartphones. […]

La question des filières d'approvisionnement en métaux est aux origines mêmes du projet. Depuis 2017, Fairphone a entrepris de travailler sur huit des matières premières qui composent ses téléphones, principalement des métaux (cobalt, or, lithium, tungstène, étain, etc.). […] « Ce qu'on entend par là, c'est l'exclusion du financement des conflits armés, l'absence d'enfants dans les mines, l'arrêt de l'utilisation de certaines substances toxiques et un programme d'amélioration des conditions de travail et de rémunération », décrypte Agnès Crépet.

Au-delà de l'aspect équitable, Fairphone cherche à réduire la pollution causée par l'extraction. […] La meilleure solution reste toujours d'en consommer moins. Pour cela, rien de mieux que d'allonger la durée de vie des produits. Fairphone propose toute une série de composants à changer soi-même grâce au tournevis fourni dans la boîte, et explique comment s'y prendre. L'idée est d'éviter qu'un consommateur change de téléphone si l'écran est cassé ou si la batterie donne des signes de faiblesse.

Justin Delépine, www.alternatives-economiques.fr, 11 octobre 2022.

Fairphone, une PME en bonne santé

Avec près d'une décennie d'existence, Fairphone est ce qu'on pourrait appeler une PME à croissance lente, qui compte aujourd'hui une centaine de salariés. Son capital est encore détenu à un peu plus de 50 % par ses fondateurs et salariés.

Grâce à un chiffre d'affaires de 36 millions d'euros, obtenu via la vente d'un peu moins de 100 000 téléphones par an, principalement en France, en Allemagne et aux Pays-Bas, l'entreprise néerlandaise a atteint pour la première fois l'équilibre financier en 2020.

1. Identifiez le marché sur lequel Fairphone a décidé d'innover.
2. Relevez les objectifs poursuivis par le lancement de cette innovation chez Fairphone.
3. Estimez si l'innovation est un processus risqué pour une entreprise.

DOCUMENT 4 Le top 10 des déposants de brevets à l'INPI en 2021

Rang	Déposants	Brevets publiés
1	Safran	1037
2	Stellantis	1035
3	Valeo	721
4	CEA[1]	630
5	Renault	482
6	CNRS	378
7	Airbus	309
8	L'Oréal	291
9	Thales	272
10	Faurecia	244

1. Commissariat à l'énergie atomique et aux énergies alternatives.

Source : INPI 2022.

DÉFINITION

Brevet : dispositif protégeant une innovation technique, c'est-à-dire un produit ou un procédé qui apporte une solution technique à un problème technique donné. En déposant un brevet à l'INPI (l'Institut national de la propriété industrielle), en France, on obtient un monopole d'exploitation pour une durée maximale de 20 ans. Le titulaire du brevet dispose ainsi d'un droit exclusif, opposable à tous, qui lui permet de tirer profit de son invention sous différentes formes (exploitation directe, cession du brevet, concessions d'accords de licence) et de poursuivre les contrefacteurs.

1. Déterminez les secteurs d'activité dans lesquels il existe le plus de déposants de brevets.
2. Expliquez pourquoi les déposants de brevets se rencontrent davantage dans ces secteurs.
3. Indiquez les avantages générés par le dépôt de brevets pour les entreprises.
4. Déduisez-en les conséquences de l'expiration des brevets pour les entreprises titulaires.

Préparer sa synthèse

- Comparez les moyens utilisés par les entreprises pour limiter l'intensité de la concurrence sur les marchés.

2 Quelles structures de marché découlent de la limitation de la concurrence ?

A Le monopole

DOCUMENT 5 La concurrence, un processus instable

La concurrence est à la fois l'aiguillon essentiel de l'efficacité économique et un processus fragile, dont la dynamique même peut conduire à son propre blocage. Tout d'abord, les acteurs du marché ont rationnellement intérêt à échapper à la concurrence. Ils pourront réaliser un profit en abusant d'un pouvoir de marché résultant d'une position dominante. Une situation de monopole, ou dans une moindre mesure une configuration de cartel, permettent de dégager un surprofit par rapport à l'équilibre de concurrence pure et parfaite où chaque facteur de production n'est rémunéré qu'au niveau de son coût marginal. Échapper à la concurrence permet de maîtriser les risques de marché. Comme le notait John Hicks en 1935, le plus grand profit du monopole n'est pas tant un surcroît de rentabilité que la garantie d'une vie paisible, à l'abri des risques concurrentiels.

Frédéric Marty, *Problèmes économiques*, hors-série n° 7, février 2015.

1. Rappelez les définitions du monopole et du cartel.
2. Expliquez les raisons pour lesquelles les entreprises recherchent ces situations de marché.

DOCUMENT 6 L'existence de monopoles naturels

Le monopole naturel est lié à l'importance des investissements requis pour une production donnée : un concurrent à la SNCF ne va pas construire son propre réseau de chemin de fer. C'est l'existence de monopoles naturels dans les activités de réseau (autoroutes, lignes de chemin de fer, réseaux de distribution d'eau ou d'électricité, etc.) qui a justifié que les entreprises productrices soient nationalisées, de sorte qu'elles n'abusent pas de leur monopole obligé. Mais d'autres solutions ont été mises en œuvre : depuis la concession limitée dans le temps (réseaux d'eau ou de transports en commun d'une agglomération), la séparation entre exploitant du réseau et entreprises utilisatrices (téléphone). Dans tous les cas, une autorité publique est chargée de veiller aux conditions de mise en concurrence et d'accès aux réseaux. Toute une théorie économique a été développée, notamment par Jean Tirole, pour déterminer les contrats incitatifs optimaux visant à réduire autant que possible la rente de monopole du gestionnaire des réseaux ou des entreprises qui soumissionnent pour l'exploitation d'un monopole naturel local.

www.alternatives-economiques.fr

1. Indiquez pourquoi la SNCF s'est retrouvée dans une situation de monopole naturel.
2. Déterminez l'impact potentiel d'une situation de monopole naturel sur le prix des services rendus.
3. Expliquez l'intérêt de l'intervention de l'État.
4. Identifiez les autres marchés qui ont connu une situation de monopole naturel.

DOCUMENT 7 Le monopole hors norme de Google, Amazon et Facebook

À l'ère numérique, les effets de taille jouent d'abord sur les effets de réseau, c'est-à-dire l'accroissement de l'utilité des services avec le nombre d'utilisateurs. Les économies d'échelle s'y ajoutent ensuite, en sorte que celui qui offre le service le plus utile bénéficie des plus bas coûts. Ce double effet est dévastateur. Aucun concurrent n'y résiste. C'est ainsi que Google a tué Yahoo!, que Facebook a tué MySpace, qu'Amazon, grâce à sa marketplace, a dominé l'e-commerce. C'est la règle du *winner takes all* qui fait de ces plateformes des monopoles surpuissants. Apple et Microsoft ne sont pas des monopoles, mais des écosystèmes [...]. Ils ne dominent pas de marché spécifique.

L'autre aspect du numérique, c'est qu'une fois ces monopoles établis, leurs détenteurs vont s'intégrer en amont et en aval où ils concurrencent leurs clients. C'est là que se joue leur pouvoir prédateur. Avec DoubleClick[1], Google, en monopole sur la recherche en ligne et le lien sponsorisé, s'étend sur la régie des bannières contextuelles.

1. Régie publicitaire spécialisée dans le ciblage comportemental sur Internet.

Ronan Planchon, www.lefigaro.fr, 23 mai 2022.

1. Présentez les marchés sur lesquels Google, Amazon et Facebook sont en situation de quasi-monopole.
2. Précisez l'origine de leur position dominante.
3. Quel autre terme permet de qualifier la situation de marché de Google, Amazon et Facebook ?

B L'oligopole

DOCUMENT 8 Le marché de la téléphonie : un marché oligopolistique

DÉFINITION

Oligopole : situation de concurrence imparfaite où quelques entreprises se partagent l'offre sur le marché.

Prix moyen d'un forfait téléphonique selon les opérateurs en 2021

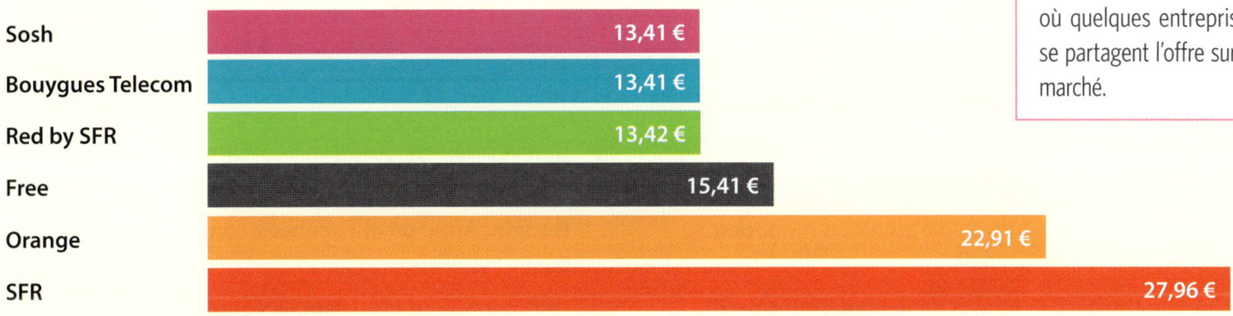

Coût mensuel lissé sur 24 mois d'un forfait mobile avec appels illimités et plus de 10 Go de data. Tarifs relevés le 8 avril 2021 pour un nouveau client.

Source : Ariase, 2021.

1. Caractérisez l'offre sur le marché de la téléphonie mobile.
2. Présentez la particularité des offres proposées par Sosh ou Red by SFR.
3. Justifiez l'appellation de marché oligopolistique.

DOCUMENT 9 Les semi-conducteurs : un marché oligopolistique mondial

Selon l'International Data Corporation, le marché mondial des semi-conducteurs pesait 442 milliards de dollars en 2020 avec une croissance potentielle attendue pour 2021 de l'ordre de 8 %.

La fabrication des semi-conducteurs se fait via des procédés de production complexes et sophistiqués, généralement en salle blanche où opérateurs et ingénieurs, vêtus de combinaisons appropriées, sont comparés parfois à des astronautes.

La demande mondiale dépend d'une offre réduite. Elle est portée par une poignée d'entreprises, qui détiennent ce savoir-faire. Le mastodonte taïwanais TSMC (Taiwan Semiconductor Manufacturing Company) est leader, produisant à lui seul plus de 50 % des semi-conducteurs à l'échelle mondiale. En 2019, les cinq premiers pays producteurs de semi-conducteurs étaient dans l'ordre Taïwan, la Corée du Sud, le Japon, la Chine et les États-Unis. En Europe, les deux premiers producteurs de semi-conducteurs sont l'Allemand Infineon et le Franco-Italien STMicroelectronics. Mais l'Europe n'arrive qu'en 6e position avec moins de 10 % de la production mondiale. Ce différentiel technologique génère une dépendance du vieux continent par rapport à l'Asie. Par ailleurs, la Chine accuse elle-même un retard de quelques années sur Taïwan. Les processus de production des semi-conducteurs étant extrêmement coûteux, des investissements colossaux ont été annoncés par les protagonistes mondiaux de ce marché à l'horizon 2030 ; près de 450 milliards de dollars pour les entreprises coréennes, 100 milliards de dollars pour TSMC sur les trois prochaines années et 20 milliards pour le géant américain Intel.

Mariem Brahim, Charaf Louhmadi, www.latribune.fr, 3 mars 2022.

1. Montrez que le marché des semi-conducteurs est un oligopole.
2. Déterminez les origines potentielles de la formation de cet oligopole.
3. Présentez le risque sur les prix d'une telle structure de marché.

Préparer sa synthèse

- Construisez un tableau résumant les caractéristiques de la concurrence, de l'oligopole et du monopole.

Activités

1 Se tester

QCM INTERACTIF

Testez-vous !
www.lienmini.fr/10749exo11

Répondez par vrai ou faux aux affirmations suivantes puis justifiez vos réponses.

1. **L'utilisation d'un label permet à une entreprise de se distinguer de la concurrence.**
2. **L'innovation est le moyen d'obtenir un monopole temporaire sur un produit.**
3. **L'innovation est un moyen de pratiquer des prix plus élevés que ceux de la concurrence.**
4. **Les brevets permettent de s'assurer un monopole d'exploitation de 30 ans.**
5. **Les prix élevés sur un marché sont un gage de qualité des biens et services.**
6. **L'entreprise en situation de monopole peut fixer son prix.**
7. **Google, Amazon et Facebook sont en situation de monopole pur.**
8. **Le monopoleur n'est jamais soumis à la concurrence.**
9. **L'oligopole est une situation de marché où il y a une multitude d'offreurs.**
10. **Les entreprises en situation d'oligopole ont tendance à s'entendre sur les prix.**

2 Se tester

Choisissez la ou les bonnes réponses.

1. **L'innovation permet à son détenteur :**
   a. d'entrer sur un marché ;
   b. d'être en situation de monopole temporaire ;
   c. d'augmenter ses profits ;
   d. de fidéliser une clientèle.

2. **Un monopole correspond à un marché sur lequel :**
   a. il n'y a qu'un offreur et un demandeur ;
   b. le marché peut être réglementé par l'État ;
   c. il n'y a qu'un offreur pour une multitude de demandeurs ;
   d. les prix sont potentiellement élevés.

3. **Un oligopole est :**
   a. une situation de marché où la concurrence est imparfaite ;
   b. un marché où les concurrents tentent de se différencier ;
   c. un mélange de monopole et de concurrence ;
   d. la situation sur le marché de la téléphonie mobile.

4. **Le manque de concurrence sur un marché peut entraîner :**
   a. des prix attractifs pour le consommateur ;
   b. un moindre effort d'innovation ;
   c. des prix plus élevés ;
   d. des entreprises qui ont le pouvoir de faire les prix.

3 Comprendre une notion à l'aide d'une vidéo

1. À l'aide de la vidéo, caractérisez la particularité de la structure de marché appelée concurrence monopolistique.
2. Expliquez l'intérêt recherché par les entreprises qui souhaitent adopter cette structure de marché.

VIDÉO

Comprendre la concurrence monopolistique et les stratégies de différenciation
www.lienmini.fr/10749comprendre
5:12

→ Voir FICHE MÉTHODE 1

4 Lire et analyser un texte

Le poids des GAFAM dans l'économie mondiale

Les GAFAM[1] ont vu leur valorisation boursière être multipliée par 2 entre janvier 2019 et juillet 2020. Ils pèsent désormais environ un quart de l'ensemble des valeurs composant l'indice boursier américain S&P 500. Pourquoi un tel engouement des investisseurs ? Car ces entreprises sont au cœur des nouvelles économies numériques. Or, dans ce nouveau modèle d'activité, le terrain de jeu n'est pas national, il est immédiatement mondial et le leader rafle la mise en anéantissant du même coup toute la concurrence. Conséquence, les chiffres deviennent vertigineux par rapport aux entreprises traditionnelles.

Ainsi, Google concentre à lui seul plus de 90 % des requêtes sur Internet dans le monde. YouTube, le diffuseur de vidéos sur Internet (racheté par Google en 2006 pour seulement 1,65 milliard de dollars à l'époque), est vu bien plus que n'importe quelle chaîne de télévision : chaque jour, plus d'un milliard d'heures de vidéos sont ainsi visionnées. Facebook, quant à lui, totalise en octobre 2020 plus de 2,7 milliards d'utilisateurs actifs mensuels…

Pour utiliser ces services, les consommateurs passent maintenant majoritairement par leur téléphone portable et c'est vers ceux de la marque Apple qu'ils se tournent le plus en valeur : fin 2019, elle concentrait, à elle seule, 32 % du chiffre d'affaires et 66 % des bénéfices du marché des smartphones.

En ce qui concerne les systèmes d'exploitation, Microsoft ne souffre que peu de la concurrence d'autres sociétés. On estime, en effet, que plus de 88 % des ordinateurs de la planète sont équipés de son système Windows. […]

Les cartels ou les monopoles ne permettent pas une optimisation des prix de marché : sans concurrent, l'entreprise peut fixer un prix de vente supérieur pour ses produits et se constituer une rente. Pourtant, Google est gratuit tout comme Facebook. C'est là l'illusion entretenue par ces entreprises de la nouvelle économie numérique : elles ne semblent pas vendre véritablement de nouveaux produits mais servir plutôt d'interface, la preuve avec leurs chiffres d'affaires de dizaines, voire de centaines de milliards.

Qu'est-ce que cela signifie ? Que ces entreprises se nourrissent de l'analyse et de la revente de vos données, c'est-à-dire de vos choix, de vos goûts, de vos centres d'intérêt quand vous utilisez leurs services (recherche sur Internet, réseaux sociaux, etc.). Ils peuvent ainsi définir plus finement votre profil de consommateur et ensuite se faire rémunérer en proposant aux entreprises des liens publicitaires Internet ayant un impact commercial plus efficace qu'un simple panneau publicitaire au bord de la route.

Étant alors dans une situation de monopole, ils peuvent imposer aux entreprises de l'« ancienne économie » leur tarif pour accéder à ces nouveaux panneaux publicitaires numériques à l'efficacité décuplée. Ils peuvent même proposer en tête de gondole leurs propres produits, reléguant les autres concurrents au fin fond des rayonnages de leur supermarché numérique. […]

Mais il ne faut pas non plus négliger la concurrence et la lassitude des consommateurs. Dans l'économie numérique, un empire peut se détruire aussi vite qu'il s'est imposé. Souvenons-nous de la suprématie du finlandais Nokia ou du canadien BlackBerry dans les années 2000. Une rupture technologique ou un nouveau positionnement marketing peut rebattre les cartes. Et c'est vers l'Extrême-Orient que les yeux se tournent avec les BATX pour Baidu, Alibaba, Tencent et Xiaomi, géants de la « high tech » chinoise.

Ainsi, Baidu est le moteur de recherche chinois avec 60 % de part de marché dans un pays dont la population s'élève à 1,4 milliard de personnes. Géant de l'e-commerce (le commerce sur Internet), Alibaba est, lui, l'Amazon chinois. Loin de se restreindre au marché chinois, Alibaba a ouvert sa plateforme à l'international et notamment aux États-Unis, à la Russie, à l'Espagne, à l'Italie et à la France !

1. GAFAM : acronyme de Google, Apple, Facebook, Amazon et Microsoft, les cinq grandes firmes américaines qui dominent le marché du numérique.

www.lafinancepourtous.com, 5 janvier 2022.

1. Identifiez le marché sur lequel Google est positionné.
2. Relevez sa part de marché.
3. Rappelez la différence entre un monopole et un oligopole.
4. Rédigez une argumentation qui vous permette de répondre à la question suivante : Google et plus largement les GAFAM sont-ils en situation de monopole ?

L'essentiel en schéma

SKETCHNOTE
www.lienmini.fr/10749sk11

1 Quels sont les moyens au service des entreprises pour dépasser l'intensité de la concurrence sur un marché ?

Concurrence
= Structure de marché caractérisée par une confrontation libre d'un grand nombre d'offreurs et de demandeurs

↓

Dont les entreprises tentent de s'affranchir par différentes stratégies

Différenciation
= Développement de caractéristiques produit perçues comme unique par le consommateur
Exemple : labels

Innovation
= Évolution significative d'un produit ou d'un processus de fabrication
Exemple : brevets

2 Quelles structures de marché découlent de la limitation de la concurrence ?

2 principales structures de marché

Monopole
= Situation de concurrence imparfaite où une seule entreprise offre un produit sur le marché
Exemple : le marché du transport en métro à Paris

Oligopole
= Situation de concurrence imparfaite où quelques entreprises se partagent l'offre sur le marché
Exemple : le marché de la téléphonie mobile en France

↓

Qui permettent aux entreprises de fixer leurs prix plus librement

MOTS CLÉS

VOIR LEXIQUE P. 138

- Différenciation
- Innovation
- Monopole
- Oligopole

Pour réviser le THÈME 5 → ENTRAÎNEMENT p. 136

FICHE MÉTHODE 1

Lire et analyser un texte

1re ÉTAPE Identifier l'environnement du texte

1. **Le titre** est un élément primordial de l'analyse d'un texte puisqu'il donne une indication sur le sujet traité par le document. Le titre évoque généralement l'idée principale du texte.
2. **La source** indique l'auteur et le nom du journal, de la revue, du site Internet...
- **Quel type d'auteur ?** Un économiste, un journaliste, un chef d'entreprise, un ministre...
- **Quel type de document ?** Un article de presse quotidienne (*Le Monde*, *Les Échos*, *Le Figaro*...), d'un hebdomadaire (*L'Express*, *L'Obs*, *Le Point*...), une revue économique (*Alternatives économiques*, *Les Cahiers français*, *L'Expansion*...), une publication d'un site institutionnel (Insee, gouvernement, OCDE, Banque de France...).
3. **La date** détermine l'ancienneté de l'article et permet donc de situer son actualité.

2e ÉTAPE Lire et comprendre le texte

- **Faire ressortir les mots clés et les idées essentielles**, en les surlignant.
- **Repérer les termes inconnus et chercher la définition** ou deviner le sens du mot en fonction du contexte si vous n'avez pas accès à un dictionnaire.
- **Repérer les termes économiques clés** et les définir d'après vos connaissances pour faciliter la lecture, la compréhension et l'analyse du texte, ainsi que la rédaction de la réponse.
- **Repérer et entourer les titres, les sous-titres et les mots de liaison** comme les conjonctions de coordination (*mais*, *ou*, *et*, *donc*, *or*, *ni*, *car*), les adverbes d'opposition (*en revanche*, *cependant*...) ou d'enchaînement (*aussi*, *de plus*, *ainsi*, *par conséquent*...), ainsi que les retours à la ligne, qui vous donnent des indications sur l'articulation du texte.

3e ÉTAPE Lire et comprendre les questions

- **Repérer les mots clés et les mots de liaison** de la question en les surlignant.
- **Identifier le sens des verbes directeurs** utilisés: *expliquer*, *démontrer*, *analyser*, *justifier*, *identifier*, *rechercher*...
- **Repérer le type de questions** afin de pouvoir y répondre correctement. S'agit-il:

- de questions de lecture ou de notions à définir?
- de questions d'analyse ou de compréhension?
- de questions de réflexion et d'argumentation?

Ainsi, on repère s'il s'agit de questions qui relèvent du texte ou du texte et du cours à la fois.

CONSEIL

Il est conseillé de lire plusieurs fois le texte et de lire les questions dès le début ou entre deux lectures afin de commencer à repérer les éléments du texte qui vous aideront à répondre aux questions posées.

4e ÉTAPE Répondre aux questions

- **Reformuler la question** dans le début de la réponse.
- **Répondre de façon précise et structurée**, en utilisant des mots de liaison et en évitant la paraphrase, grâce à l'identification préalable des éléments utiles du texte.

Exemple

Le gouvernement mobilise une enveloppe de 10 millions d'euros pour l'aide alimentaire aux étudiants

Face à la hausse des prix qui pèse fortement sur le budget des étudiants et conduit un nombre croissant d'entre eux à souffrir de précarité alimentaire, [le gouvernement débloque] une enveloppe exceptionnelle de 10 millions d'euros [...]. Cette enveloppe d'urgence soutiendra les associations qui

agissent en faveur des étudiants les plus précaires, pour compléter l'offre alimentaire accessible aux étudiants au plus près de leurs besoins, et structurer les réseaux de distribution. [...]
Cette enveloppe exceptionnelle vient compléter les mesures déjà prises depuis l'été 2022 pour renforcer l'aide alimentaire, d'une part, et le pouvoir d'achat des étudiants, d'autre part :
- une enveloppe complémentaire de 55 millions d'euros déployée au début de l'automne pour l'ensemble des associations ;
- la hausse de 4 % des bourses sur critères sociaux à la rentrée 2022, le versement d'une aide exceptionnelle de 100 euros à plus d'1,5 million d'étudiants, ainsi que la revalorisation des APL[1] de 3,5 % et le gel des loyers dans les résidences étudiantes.

1. APL : aide personnalisée au logement.

Ministère de l'Enseignement supérieur et de la Recherche, 22 novembre 2022.

1. Repérez les agents économiques concernés par la décision du gouvernement.
2. Identifiez les raisons qui ont motivé les différentes mesures en faveur des étudiants.
3. Expliquez les effets attendus de cette redistribution sur le revenu disponible des étudiants et les services proposés par les associations.

1 Identifier l'environnement du texte

Le texte a pour titre « Le gouvernement mobilise une enveloppe de 10 millions d'euros pour l'aide alimentaire aux étudiants ». C'est une publication du ministère de l'Enseignement supérieur et de la Recherche du 22 novembre 2022.

2 Lire et comprendre le texte

- Mots clés : *gouvernement, aide, étudiants*.
- Idée principale du texte : la décision de verser une somme de 10 millions d'euros aux associations qui proposent des aides alimentaires aux étudiants les plus précaires.
- Le texte se décompose en deux paragraphes :
  - le premier précise l'objectif de l'aide versée aux associations : soutenir les étudiants en précarité alimentaire ;
  - le second présente les mesures antérieures prises pour limiter la baisse du pouvoir d'achat des étudiants.

3 Lire et comprendre les questions

- Pour répondre à la première question, il faut relever les personnes et les organisations citées dans le texte et les qualifier en tant qu'agent économique. C'est donc une question de lecture et de maîtrise des notions.
- La deuxième question impose de rechercher dans le texte des informations pertinentes pour justifier l'aide de 10 millions d'euros. C'est une question de compréhension du texte.
- La troisième question mobilise des notions économiques (*redistribution*, *revenu disponible*, *services*) dans le but d'établir un lien entre les mesures prises par le gouvernement et les conséquences pour la situation économique des étudiants. Cette question contrôle les savoirs et la capacité à argumenter.

4 Répondre aux questions

- Il faut éviter de paraphraser, c'est-à-dire reprendre des extraits du texte en les reformulant.
- Il est indispensable d'utiliser des termes économiques vus en cours, d'expliquer et de faire des liens.

Exemple

1. Les agents économiques concernés par la décision du gouvernement sont :
   - les étudiants en situation de précarité, c'est-à-dire les ménages ;
   - le gouvernement, c'est-à-dire les administrations publiques ;
   - les associations, c'est-à-dire les institutions sans but lucratif aux services des ménages (ISBLM).
2. Les différentes mesures en faveur des étudiants ont été prises pour compenser la hausse des prix qui pèse sur le budget des plus précaires en réduisant leur pouvoir d'achat. Ainsi, il est nécessaire de verser une aide financière pour leur permettre de satisfaire des besoins primaires : se nourrir, se loger.
3. Les étudiants vont bénéficier d'une hausse des revenus de transfert : une augmentation de 4 % de la bourse et de 3,5 % de l'APL, et le gel des loyers des résidences universitaires. L'accroissement de ces revenus de transfert vient compenser la baisse des revenus primaires et soutient le revenu disponible des étudiants. De plus, les aides versées aux associations permettront de proposer des services non marchands et de répondre aux besoins primaires des étudiants.

FICHE MÉTHODE 2

Lire et analyser un tableau

Un tableau statistique permet de **visualiser des données chiffrées** organisées en lignes et en colonnes. L'analyse d'un tableau statistique fait partie des méthodes à acquérir pour l'épreuve de spécialité d'économie car le dossier documentaire comporte en général au moins un tableau.
Pour transformer ces données en arguments, il faut d'abord les traiter, puis analyser le tableau en sélectionnant les informations les plus significatives.

Exemple **L'évolution de la consommation et de l'épargne des ménages en France entre 2020 et 2022**

En variation trimestrielle et en écart au 4e trimestre 2019, en %

	2020				2021				2022			
	T1	T2	T3	T4	T1	T2	T3	T4	T1	T2	T3	T4
Consommation :												
variations trimestrielles	**-5,5**	**-11,5**	**19,0**	**-5,6**	**0,2**	**1,2**	**5,8**	**0,3**	**-1,5**	**0,4**	**0,2**	**0,2**
écart au T4 2019	-5,5	-16,4	-0,6	-6,2	-6,0	-4,9	0,6	1,0	-0,6	-0,3	0,0	0,2
Taux d'épargne :												
en % du revenu disponible brut	**19,0**	**27,0**	**16,1**	**21,9**	**21,1**	**20,4**	**16,3**	**17,0**	**16,7**	**15,6**	**16,2**	**16,9**
écart en points au T4 2019	3,6	11,6	0,7	6,6	5,7	5,0	1,0	1,6	1,4	0,2	0,8	1,5

Prévisions (2022 T2–T4)

Source : Insee, 24 juin 2022.

1re ÉTAPE Identifier le contexte du tableau

1 Étudier le titre et les mots clés
Le titre du tableau précise l'objet de l'étude (ici, la consommation et l'épargne), l'unité de mesure (taux de variation en %, écarts en % et écarts en points), le pays (France) et la période sur laquelle porte l'étude (2020-2022).

2 Étudier la source
Les informations ont été collectées par l'Insee, une administration publique qui fournit des informations fiables sur la société et l'économie françaises.

3 Comprendre la construction du tableau
Les lignes précisent les variations de la consommation et de l'épargne sur la période considérée.
Les colonnes représentent les quatre trimestres des années 2020, 2021 et 2022.

4 Lire le tableau
La lecture se fait en croisant pour un chiffre quelconque la ligne et colonne correspondante.

Exemple **Lecture des données figurant dans la colonne T1 2022**

La consommation trimestrielle diminue de 1,5 % par rapport au 4e trimestre de 2021. Par rapport au 4e trimestre de 2019, cela représente une chute de 0,6 %.
Le taux d'épargne représente 16,7 % du revenu des ménages par rapport au 4e trimestre de 2019, c'est un écart de 1,4 point.

2e ÉTAPE Analyser le tableau

1 Commencer par repérer la tendance générale

Avant de s'arrêter sur quelques données, il faut chercher à déterminer la tendance générale, ce qui est particulièrement important quand il s'agit d'étudier une **évolution**.

Exemple Les variations trimestrielles de la consommation et de l'épargne en France sont de moins en moins fortes en 2021 puis en 2022. La tendance générale serait à une stabilisation de ces facteurs.

2 Comparer les données entre elles

Il est conseillé de commencer par repérer les **valeurs extrêmes** et de rechercher les **valeurs significatives** (qui pourront notamment vous permettre d'avancer des arguments lors de la question d'argumentation de l'épreuve). Il faut ensuite les comparer (par rapport aux années ou aux trimestres précédents, aux autres pays...).

Exemple Sur la période considérée, la consommation des ménages a le plus fortement baissé au 2e trimestre 2020 (-11,5 %) et elle a le plus fortement augmenté au 3e trimestre 2020 (+19 %).
Le taux d'épargne a également été le plus élevé au 2e trimestre 2020 (27 % du revenu des ménages) et a fortement baissé au 3e trimestre 2020 pour repasser à 16,1% du revenu. En 2021, le taux d'épargne reste globalement élevé.

3 S'interroger sur ce qui est laissé dans l'ombre par le tableau

Pour développer des arguments fondés sur les valeurs chiffrées issues du tableau, il faut essayer de raccrocher les valeurs significatives relevées précédemment à des événements d'actualité qui permettent de les expliciter.

Exemple Au 2e trimestre 2020, la consommation des ménages a fortement diminué en raison du 1er confinement (-11,5%). La consommation des ménages était limitée et ne pouvait concerner que la satisfaction des besoins primaires. Aucune dépense de loisirs n'était alors envisageable. Comme le revenu des ménages se partage entre consommation et épargne, et que la consommation était contrainte, une plus grande part du revenu a pu être épargnée par les ménages (27 % du revenu). Les écarts avec l'année 2019 sont frappants : -16,4% de consommation et 11,6 points d'écart par rapport au taux d'épargne.
Les troisièmes trimestres 2020 et 2021 connaissent le même type d'évolution : un pic de consommation (respectivement +19 % et +5,8 %) et un taux d'épargne relativement bas par rapport aux taux de la période (respectivement 16,1% et 16,3 %), qui s'expliquent par la volonté des ménages de piocher dans leur épargne afin de pouvoir partir en vacances après deux années marquées par la crise sanitaire.
Depuis la fin de l'année 2021 et surtout en 2022, le taux d'épargne des ménages est redescendu aux alentours de 16 % compte tenu de la baisse de pouvoir d'achat lié au contexte d'inflation.
Les ménages sont contraints de réduire leur épargne pour maintenir leur niveau de consommation.

FICHE MÉTHODE 3

Lire et analyser un graphique

Les phénomènes économiques font l'objet de représentations graphiques. Pour mieux les comprendre et les expliquer, il est indispensable de suivre une méthode d'analyse en plusieurs étapes.

Exemple **La croissance du PIB (en %) et le taux d'épargne des ménages (en % du revenu disponible) entre 2007 et 2021**

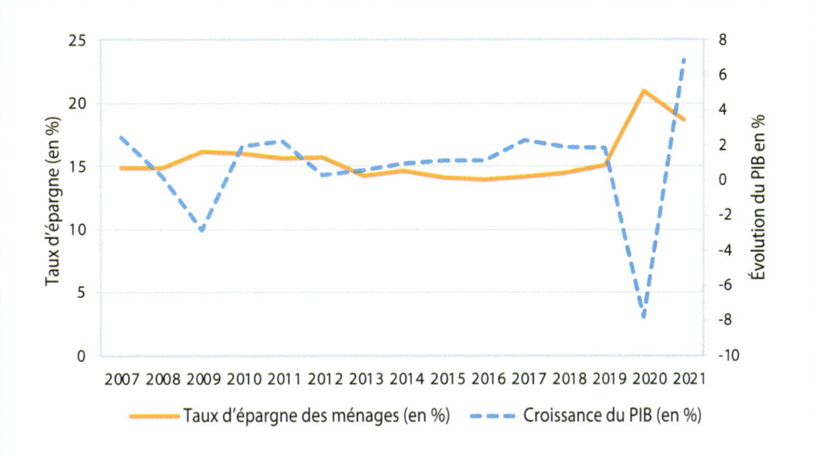

Sources : Insee et Banque mondiale, 2022.

1re ÉTAPE Identifier le contexte du graphique

1 Identifier le titre et les variables étudiées

Le titre indique le thème ou l'objet d'étude du graphique. Il est complété par les variables représentées sur les axes.

2 Repérer la source et la date

La source précise la provenance des données et/ou du graphique et éclaire sur sa fiabilité. Quant à la date, elle informe sur l'actualité des données présentées.

3 Identifier la période

Cela permet de situer l'objet d'étude du graphique dans son contexte historique et de voir comment le phénomène étudié évolue.

4 Repérer le type de graphique

Il varie selon l'objectif du graphique :
- la courbe décrit une évolution ;
- le diagramme circulaire, ou « camembert », montre une répartition ;
- l'histogramme est utilisé pour illustrer la distribution d'une donnée.

5 Lire la légende

La légende aide à distinguer les éléments du graphique.

6 Repérer l'unité de mesure

Elle peut être exprimée en valeur absolue (milliers/millions/milliards d'euros, de dollars, tonnes…) ou en valeur relative (pourcentage).

2e ÉTAPE Sélectionner et comprendre les données importantes

1 Repérer la tendance générale
Pour repérer la tendance générale, il peut être utile de relier les points extrêmes du graphique sur la période d'observation pour observer si la tendance est à la baisse ou à la hausse.

2 Comparer les données entre elles
Les informations présentées peuvent être comparées entre elles, d'une année à l'autre ou d'un pays à l'autre.

3 Repérer les points particuliers
Au-delà de la tendance générale, il est nécessaire d'identifier les valeurs significatives ainsi que les points de rupture.

4 Expliquer les données observées
Il s'agit de rechercher dans ses connaissances personnelles ou d'autres documents des éléments d'explication des phénomènes observés.

3e ÉTAPE Rédiger un commentaire du graphique

Cette dernière étape consiste à présenter les informations repérées dans les étapes précédentes de manière structurée :
- présenter en quelques lignes l'objet d'étude du graphique et définir les variables étudiées ;
- décrire la tendance générale en illustrant son propos par des données chiffrées ;
- présenter et expliquer les points particuliers repérés.

CONSEIL
Le verbe *évoluer* n'est pas synonyme d'*augmenter*. Aussi, il convient de privilégier les termes d'**augmentation**, de **diminution** ou de **stagnation** pour décrire l'évolution d'un phénomène.

Exemple Ce graphique en courbes issu des données de l'Insee et de la Banque mondiale retrace l'évolution du PIB, mesurée par son taux de croissance en pourcentage, et du taux d'épargne des ménages en pourcentage entre 2007 et 2021. Le taux de croissance mesure l'évolution de la richesse créée sur une période, généralement une année, par les agents économiques implantés dans un pays.
Quant au taux d'épargne, il représente la part du revenu disponible brut des ménages qui n'est pas consacrée à la consommation finale mais à l'épargne.
Sur la période concernée, nous observons une augmentation du taux de croissance du PIB qui passe d'un peu plus de 2 % en 2007 à presque 7 % en 2021. Cette augmentation n'est toutefois pas linéaire puisque deux épisodes de récession marquent la période en 2009 et 2020, le taux de croissance du PIB atteignant respectivement -3 % et -8 %. Le taux d'épargne augmente quant à lui de 3 points sur la période. Relativement stable, autour de 15 % de 2007 à 2019, il atteint 21 % en 2020 puis retombe à 18 % environ en 2021.
Ces deux indicateurs semblent donc suivre une évolution opposée, particulièrement notable en période de crise. En effet, la crise sanitaire caractérisée par une période de confinement en 2020 a fait chuter le taux de croissance du PIB de manière importante car les ménages se sont retrouvés dans l'impossibilité de consommer en raison de la fermeture de la majorité des commerces. Le taux d'épargne a alors augmenté, les ménages ne pouvant pas dépenser leur revenu et craignant par ailleurs pour l'avenir (épargne de précaution).
Dans une bien moindre mesure, nous observons la même évolution opposée des taux d'épargne et de croissance du PIB en 2009, à la suite de la crise des *subprimes*. Le taux d'épargne augmente d'un point en une année pour atteindre 16 % alors que dans le même temps, le taux de croissance diminue de 3 points et atteint presque -3 % en 2009.
On peut donc en conclure qu'il existe un lien entre le taux d'épargne des ménages et le taux de croissance du PIB.

FICHE MÉTHODE 4

Construire et présenter une argumentation

La **question d'argumentation** en économie, exercice à l'épreuve de spécialité, consiste à exposer les différents arguments permettant de défendre une opinion sur un sujet donné, en suivant un déroulement logique, dans le but de convaincre un interlocuteur. Elle repose sur un enchaînement d'idées générales illustrées par des exemples concrets, qui doit finalement déboucher sur une prise de décision précise. La méthode de l'argumentation est aussi au cœur de l'exercice du **débat** où chacun va essayer de convaincre les autres avec des arguments. Grâce à cette méthode, chacun enrichit son point de vue en découvrant des idées différentes.

Exemple **Les inégalités socio-économiques expliquent-elles les différences de taux d'épargne entre les ménages français ?**

1re ÉTAPE Lire la question posée et définir les mots clés pour bien la comprendre

- Quand vous prenez connaissance de la question d'argumentation, il faut commencer par **définir les concepts clés et les mots essentiels** pour éviter tout contresens. (La définition du mot clé vous servira de phrase d'introduction.)

Exemple **Définir les mots clés**

Le **taux d'épargne** représente le rapport entre l'épargne constituée et le revenu disponible. Les **inégalités socio-économiques** désignent les différences de situation entre individus ou groupes sociaux concernant les ressources, l'accès à certains biens ou à certaines pratiques. Il peut s'agir d'inégalités de revenus, de patrimoine, d'accès aux soins, à l'éducation ou à la culture...

- Il faut ensuite noter sur le brouillon, pour ne rien oublier, tout ce qui vous vient à l'esprit sur le sujet : les idées pertinentes, la question posée et son intérêt, en utilisant la documentation proposée en support, vos connaissances et les réponses aux questions formulées précédemment quand il s'agit de l'argumentation écrite.
- La question d'argumentation posée à l'épreuve écrite peut porter sur l'un ou plusieurs des cinq thèmes abordés en classe de Première, ainsi que sur les trois premiers thèmes de la classe de Terminale.

Exemple Le sujet porte à la fois sur le thème 3.1 (l'arbitrage entre consommation et épargne) du programme de Première et sur le thème 6.4 (les politiques sociales) du programme de terminale

2e ÉTAPE Rechercher des arguments au brouillon

Une fois définis les contours du sujet, il convient de dresser au brouillon la liste des arguments permettant de répondre à la question posée.

1 Qu'est-ce qu'un argument ?

Au sens commun, l'argument est un indice, une preuve qui sert à affirmer ou à nier un fait. Au sens de la rhétorique, c'est un élément de discours qui sert à étayer un propos ou une thèse.
Un ensemble d'arguments ne devient une argumentation que par l'effet d'une structuration. En effet, un catalogue d'arguments sans lien entre eux ne peut constituer une argumentation.

2 Les principaux types d'arguments en économie

- **Les rapports de cause à effet :** telle cause entraîne tel effet.
- **Les avantages ou les inconvénients :** mis en avant des avantages ou des inconvénients d'une mesure économique.
- **L'utilisation de preuves chiffrées :** les preuves chiffrées issues des documents ressources apportent un soutien très convaincant à l'idée avancée.
- **L'alternative :** il s'agit de proposer un choix « forcé » au lecteur en présentant la réalité de manière simplifiée.

Exemple **Rechercher des arguments en lien avec le sujet**

Le revenu disponible des ménages est réparti entre consommation et épargne. Or, plus le revenu est faible, plus la part de la consommation liée aux dépenses contraintes est importante par rapport à celle consacrée à l'épargne.
En raison de la période de confinement, le taux d'épargne des ménages a atteint, selon l'Insee, plus de 27 % au deuxième trimestre 2020 (27,4 %). Ce taux très élevé d'épargne est particulièrement alimenté par les cadres vivant dans les grandes villes, qui ont mis le plus d'argent de côté. Pouvant pratiquer le télétravail, ils ont été moins sujets à des pertes de revenus que les travailleurs indépendants ou les ouvriers.
Depuis le début de la crise sanitaire, il existe une volonté des ménages de renforcer leur épargne de précaution dans un contexte fortement anxiogène. L'épargne de précaution consiste à se constituer une réserve d'actifs pour faire face à des situations d'urgence telles que le chômage ou la maladie. Ce motif d'épargne est très présent dans le comportement des ménages et n'a pas décéléré depuis la crise de 2008. On constate d'ailleurs que même les ménages avec des revenus modestes ont augmenté leur taux d'épargne depuis 2015.
Le taux d'épargne des ménages français fait partie des plus élevés de la zone euro : depuis 2011, il n'est jamais descendu en dessous de 15 % du revenu disponible des ménages. Ce niveau d'épargne structurellement élevé peut s'expliquer par un déterminant démographique : l'âge de la population française (56 % de la population française a plus de 50 ans).

3e ÉTAPE Organiser ses arguments afin de dégager un plan et construire une argumentation

La commission de correction de l'épreuve écrite du baccalauréat n'exige pas le développement de plusieurs axes. Vous pouvez donc vous positionner sur un seul axe (par exemple, pour ou contre) ou en développer deux (position nuancée). Dans ce cas, un nombre égal d'arguments dans les deux axes n'est pas attendu. La force de toute argumentation, écrite ou orale, c'est aussi son point de départ : **il faut impérativement répondre à la question**. Sans opinion ou sans avis, l'argumentation ne sera pas convaincante pour l'interlocuteur ou le lecteur.

Exemple **Construire son plan**

Axe 1 → Oui, les inégalités socio-économiques expliquent les différences de taux d'épargne entre les ménages français.
Axe 2 → Non, les inégalités socio-économiques n'expliquent pas les différences de taux d'épargne entre les ménages français.

Une bonne argumentation est une argumentation fondée sur des savoirs disciplinaires, logiquement agencés et correctement exprimés.
C'est pourquoi il faut prévoir dans chaque partie des **liens logiques** entre les idées.

CONSEIL

Dans une argumentation orale comme le débat où l'on est également amené à donner son point de vue, on a aussi le devoir de laisser parler l'autre et de l'écouter. On peut être pour ou contre une idée, à condition de respecter celui qui pense autrement ! Le respect et l'humilité sont des qualités très importantes dans un débat.

4e ÉTAPE Rédiger l'introduction

Rédigez entièrement et avec soin l'introduction au brouillon. Celle-ci doit au moins :
- contenir une ou deux phrases pour amener le sujet ;
- définir les concepts clés ;
- annoncer le plan.

Exemple Le taux d'épargne des ménages français a atteint des records pendant le premier confinement du printemps 2020. Pourtant, dans certains secteurs d'activité comme l'hôtellerie-restauration, les pertes d'emploi ont été massives, entraînant des baisses de revenus.
Le taux d'épargne représente le rapport entre l'épargne constituée et le revenu disponible des ménages. Les inégalités socio-économiques désignent les différences de situation entre individus ou groupes sociaux concernant les ressources, l'accès à certains biens ou à certaines pratiques. Il peut s'agir d'inégalités de revenus, de patrimoine, d'accès aux soins, à l'éducation ou à la culture…
Un premier axe montrera que les inégalités socio-économiques peuvent expliquer des différences de taux d'épargne entre les ménages. Puis un deuxième axe expliquera que les inégalités socio-économiques ne sont pas la seule origine aux différences de taux d'épargne.

5e ÉTAPE Construire et présenter son argumentation

À l'écrit :

- Soignez la présentation et l'orthographe.
- Faites apparaître clairement les parties du devoir sur la copie (introduction, titre des axes s'il y a plusieurs axes développés…), en les soulignant par exemple et en sautant des lignes pour faciliter la lecture du correcteur.
- Justifiez et développez les arguments et, dans la mesure du possible, donnez des exemples ou citez des données chiffrées issues des documents ressources pour les illustrer.
- Utilisez des liens logiques (*mais, en effet, ainsi, parce que, c'est pourquoi…*) qui soutiennent le raisonnement.
- Rédigez des phrases courtes dans un style simple et concis.
- N'oubliez pas la ponctuation qui a une fonction explicative.

CONSEIL
Il est préférable de privilégier la qualité à la longueur.

À l'oral :

- Respectez les modalités de répartition de la parole.
- Réfléchissez avant de parler.
- Ne coupez pas la parole aux autres.
- Prenez le temps de discuter avec celui qui a une opinion différente.
- Essayez de comprendre et de retenir ce que chacun dit.
- Reformulez vos idées si vous n'avez pas été suffisamment clair ou si vous avez changé de point de vue.

CONSEIL
N'élevez pas la voix, ne criez pas et ne vous moquez des autres arguments quand vous n'êtes pas d'accord. De la même façon, ne vous vexez pas et acceptez la critique si elle est respectueuse.

FICHE MÉTHODE 5

L'épreuve écrite d'économie au baccalauréat

1re ÉTAPE Présentation de l'épreuve

- L'épreuve terminale du baccalauréat de droit-économie est composée de deux parties distinctes : une en droit et une en économie.
- Chaque partie comprend des **documents** de nature juridique ou économique, ainsi qu'un **questionnement** portant sur ces documents et, de façon complémentaire, mobilisant les connaissances du candidat en lien avec les programmes et des éléments de sa culture économique et juridique. Ce questionnement comprend **4 ou 5 questions au maximum** pour chacune des parties.
- La durée globale de l'épreuve est de **4 heures**, avec un questionnement équilibré qui permet au candidat de répartir son temps également entre les deux matières.
- Compte tenu des contraintes liées à la date des épreuves écrites, l'évaluation de l'épreuve de droit-économie STMG porte sur le programme de droit-économie de la classe de Première STMG, ainsi que sur les trois premiers thèmes du programme de droit et d'économie de la classe de Terminale STMG.

FOCUS

Durée : 2 heures pour traiter la partie « économie ».
Programme de révision : les thèmes 1 à 5 étudiés en classe de Première + les thèmes 6 à 8 étudiés en classe de Terminale.
→ Le programme de Première peut faire l'objet d'un questionnement le jour de l'épreuve au même titre que celui de Terminale. Ce que vous apprenez en septembre cette année pourra donc vous être demandé lors de l'épreuve au mois de mars de l'année de Terminale, soit 18 mois plus tard !
Sujet : environ 5 questions + des annexes.
Coefficient : 16.

Comment calculer votre note au baccalauréat ?
La note finale au baccalauréat est répartie entre 40 % de contrôle continu et 60 % d'épreuves terminales selon les coefficients suivants :

La répartition de la note finale

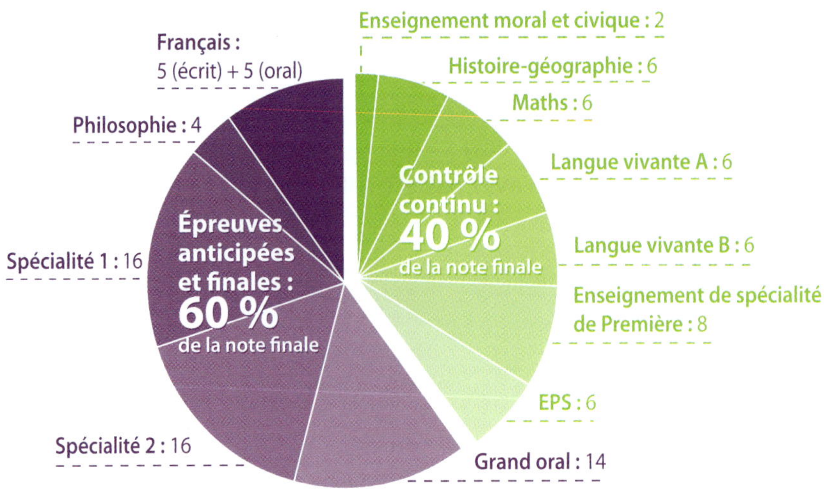

2e ÉTAPE Comment se préparer dès la classe de Première ?

Prendre conscience de ce qui vous attend le jour du baccalauréat

- Le sujet comporte :
- une page qui présente les questions ;
- plusieurs pages d'annexes de formes variées : textes, graphiques, tableaux ou encore infographies.

- Le questionnement est progressif :
- les premières questions portent sur l'analyse des annexes et la mobilisation des connaissances ;
- la dernière question est une question d'argumentation. Les différentes annexes, les questions précédentes mais aussi vos connaissances doivent vous permettre de répondre à cette question qui compte pour 50 % de la note d'économie.

CONSEIL

Les textes peuvent être longs et les tableaux et les graphiques peuvent servir à poser des questions calculatoires. Dès le début de l'année de Première, entraînez-vous à lire les textes proposés dans ce manuel. Certains peuvent paraître plus compliqués que d'autres mais en prenant l'habitude de lire régulièrement, vous gagnerez du temps lors de l'épreuve. Ne négligez pas non plus les exercices avec des calculs afin d'être à l'aise le jour J !

CONSEIL

Répondre à une question d'argumentation, **c'est faire un choix** ! La réponse n'a pas besoin d'être nuancée. Vous pouvez répondre par oui ou par non à la question posée à partir du moment où vous disposez des bons **arguments** !

3e ÉTAPE Comment travailler efficacement dès la classe de Première ?

1 Apprendre à faire des fiches

Les fiches permettent de réviser de manière efficace. En y mettant l'essentiel du cours, vous permettez à votre cerveau de créer des « tiroirs » dans lequel il va ranger toutes les connaissances apprises. La fiche est un peu le « squelette » de votre cours.

- **Au recto**, vous devez y faire figurer :
- le titre du chapitre et le titre des différentes parties ;
- les mots clés ;
- les points essentiels à retenir ;
- les définitions.

- **Au verso**, complétez votre fiche en ajoutant des exemples et des questions (par exemple, celles qu'on vous a posées lors des devoirs surveillés). Vous pourrez ainsi y répondre en révisant votre cours et vous entraîner pour le jour de l'épreuve.

Exemple **Rédiger une fiche**

TITRE DU CHAPITRE

I. Titre de la 1re partie
- Mots clés
- Idées principales
- Définitions

II. Titre de la 2e partie
- Mots clés
- Idées principales
- Définitions

Recto

Exemples vus en cours
- Exemple 1
- Exemple 2
- Exemple 3
...

Questions posées lors des tests
- Question 1
- Question 2
- Question 3
...

Verso

2 Réviser régulièrement

Réviser régulièrement permet de ne pas oublier ce qu'on a appris, car on oublie très vite si on ne réactive pas sa mémoire comme le montrent les deux graphiques ci-dessous. Faire des fiches et les relire fréquemment permet de réactiver sa mémoire sans perdre trop de temps.

> **CONSEIL**
> Dès qu'un chapitre est fini, faites la fiche correspondante afin d'être à jour. Choisissez des fiches cartonnées (plus résistantes) et un format suffisamment grand, et utilisez des couleurs pour rendre votre fiche agréable à lire.

Courbe de l'oubli

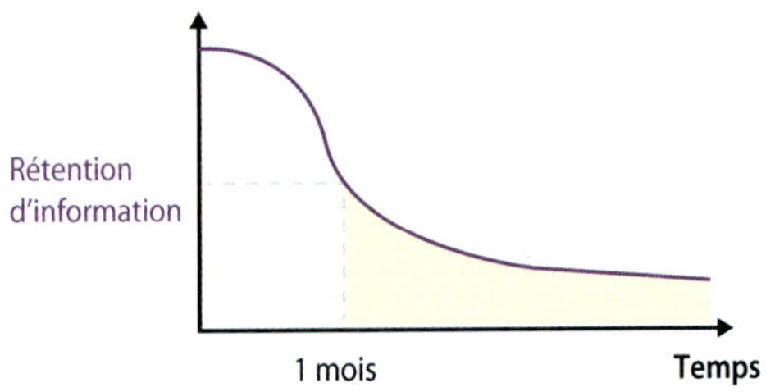

Courbe d'Ebbinghaus

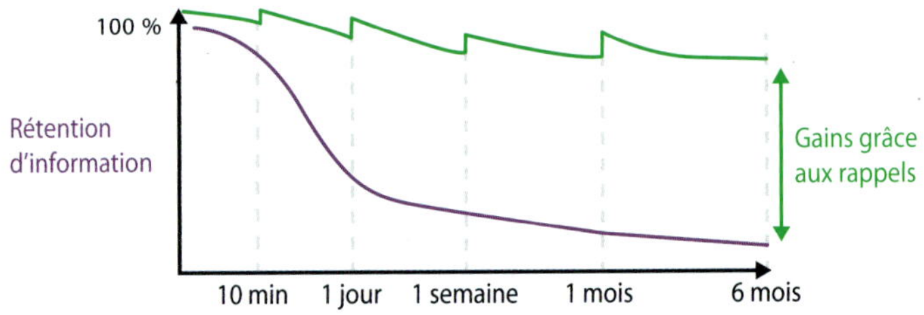

4e ÉTAPE Comment prendre de bonnes habitudes lors des devoirs surveillés ?

Les devoirs surveillés sont autant d'occasion d'apprendre à travailler efficacement et à gérer son temps pour être prêt le jour de l'épreuve. Il est conseillé :
- de noter l'heure à laquelle débute le devoir afin de bien gérer le temps imparti ;
- d'utiliser uniquement le recto des feuilles de brouillon et de les numéroter afin de se repérer plus facilement et ne pas perdre de temps ;
- de ne pas trop surligner les annexes pour éviter qu'elles deviennent illisibles.

> **RAPPEL**
> Matériel à apporter le jour des épreuves blanches du baccalauréat :
> - une trousse complète ;
> - une calculatrice en état de fonctionner (pensez à vérifier les piles !) ;
> - une montre.
>
> Pour le reste (brouillons et copies), tout est fourni au candidat.

1 Savoir lire les questions

Les questions sont formulées à l'aide de verbes directeurs. Connaître la signification de ces verbes permet de répondre le plus précisément possible. Il existe trois grandes catégories de verbes directeurs :

Citer Classer Comparer Définir Distinguer Formuler Présenter Reformuler	Calculer Construire Démontrer Déterminer Illustrer Interpréter Montrer Préciser Représenter	Analyser Attribuer Comparer Critiquer Déduire Faire ressortir Questionner
↓	↓	↓
L'objectif est de vous faire **comprendre**.	L'objectif est de vous faire **appliquer**.	L'objectif est de vous faire **analyser**.

2 Gérer le temps

Prendre connaissance du sujet → Lire les questions. → Lire les annexes. → Relire les questions.	15 min
Exploiter chaque annexe au brouillon (sur une demi-page) → Prendre des notes en mettant en avant ce qui est le plus important dans le document proposé. → Relier le document à la question ou aux questions concernées.	30 min
Répondre aux premières questions directement sur la copie → Il s'agit de mettre en avant vos connaissances et les éléments utiles relevés dans les annexes.	25 min
Répondre à la question d'argumentation → Lire la question posée et définir les mots clés pour bien la comprendre. → À partir de vos connaissances et de votre travail d'analyse des annexes effectué précédemment, rechercher des arguments (au brouillon) pour répondre à la question posée. → Organiser vos arguments afin de dégager un plan.	15 min
Rédiger l'introduction au brouillon → Écrire une phrase pour présenter le sujet. → Définir les concepts clés. → Annoncer le plan. Puis recopier l'introduction sur la copie.	10 min
Rédiger l'argumentation (le développement) directement sur la copie → Faire apparaître clairement les parties en mettant des titres et en sautant des lignes pour faciliter la lecture du correcteur. → Renvoyer aux annexes (en indiquant le numéro de l'annexe concernée).	15 min
Se relire	10 min

Vers l'épreuve

THÈME 1 : Quelles sont les grandes questions économiques et leurs enjeux actuels ?

À partir de vos connaissances et de la documentation fournie dans les annexes 1 à 4 :

1. Définissez ce qu'est un produit de luxe.
2. Démontrez par le calcul que les entreprises françaises dominent le marché du luxe en calculant leur poids relatif sur ce marché.
3. Repérez dans l'annexe 4 les secteurs d'activité en lien avec le luxe et commentez l'évolution de leurs exportations depuis 2008.
4. Montrez, en utilisant des arguments, que la spécialisation dans les produits de luxe est une réussite pour la France.

Annexe 1 Qu'est-ce qu'un produit de luxe ?

Les points faibles

Un objet, un bien ou un service est considéré comme « de luxe » lorsqu'il rassemble ces trois critères :
- un ou des matériaux nobles ;
- un savoir-faire de qualité (qu'il soit artisanal ou quasi industriel) ;
- une dimension artistique unique de la part du concepteur-créateur.

La rareté de l'offre

Le produit ou le service luxueux est rare et distribué à une petite échelle dans des endroits spécifiques, souvent prestigieux. La rareté peut parfois être organisée (concept de la série limitée) afin de créer une valeur supplémentaire « luxe » au produit. Ainsi, on peut imaginer que n'importe quel objet peut devenir luxueux. Il suffirait de limiter fortement sa production en en faisant un objet quasiment unique : la série limitée est souvent matérialisée par un numéro de série particulier, à la différence des autres objets produits massivement.

www.melchior.fr

Annexe 2 Un marché du luxe dominé par la France

Le leader mondial du luxe, le groupe LVMH, vient d'annoncer des ventes records avec des profits qui ont augmenté de 44 %. D'excellents résultats à l'image du marché du luxe qui reprend des couleurs, malgré le contexte difficile et la crise sanitaire liée à la pandémie de Covid-19. Les marques de luxe françaises ont déjà retrouvé leur niveau de vente d'avant la crise sanitaire. Les géants du secteur ont su s'adapter à la crise pour rebondir et attirer une nouvelle clientèle, plus jeune et habituée aux achats en ligne.

Quel est le poids du marché du luxe en France ?

C'est un fleuron. Sur les 270 marques de luxe au monde, 130 sont françaises, d'après le comité Colbert qui réunit 85 maisons françaises. La mode, le cuir et l'horlogerie représentent 40 % du million d'emplois directs et indirects que compte le secteur. Viennent ensuite les vins et spiritueux et les cosmétiques et parfums (17 %). En six ans, le luxe a créé 3 500 emplois en France et ouvert vingt nouveaux sites de fabrication.

Comment se porte-t-il ?

Très bien. La preuve en est avec LVMH qui a annoncé, lundi 26 juillet, un rebond de 11 % de ses ventes au premier semestre 2021 par rapport à la même période en 2019. C'était un record historique ! Le résultat opérationnel semestriel du leader mondial du luxe grimpe à 7,6 milliards d'euros, pour un chiffre d'affaires de 28,7 milliards (+ 53 % sur un an).

Les ventes de Kering (Gucci, Yves Saint Laurent, Boucheron...) ont presque doublé au deuxième trimestre, avec une hausse de 11 % de son chiffre d'affaires par rapport aux niveaux pré-pandémie. Hermès publiera ses résultats semestriels vendredi.

Autre indicateur qui prouve la bonne santé des marques de luxe, leurs valorisations boursières qui battent des records. LVMH, Hermès, Kering et L'Oréal atteignent des niveaux historiques. À eux quatre, ces géants représentent un tiers de la capitalisation du Cac 40. En 2020, leur capitalisation est passée de 500 milliards d'euros à 600 milliards.

Quel impact a eu la crise sur ce secteur ?

Elle les a touchées, mais le cuir de ces marques est bien tanné. À travers le monde, de nombreuses boutiques ont fermé. « Le marché principal des produits personnels de luxe a enregistré une baisse de 23 % pour tomber à 217 milliards », explique dans un rapport Bain & Company, cabinet de conseil spécialiste du luxe.

Mais elles ont rebondi vite et fort. « Les marques ont été créatives et ont su s'adapter pour garder le contact avec leur clientèle. Elles ont aussi accéléré leurs ventes en ligne », explique Delphine Dion, professeure à l'ESSEC Business School et directrice du MBA luxe. La part de marché des ventes en ligne de produits de luxe est passée de 12 % en 2019 à 23 % en 2020 [...]. Le numérique devrait devenir le canal principal pour les achats de produits de luxe d'ici à 2025 », estime Bain & Company.

Pourquoi le luxe séduit autant ?

« Son succès s'explique en quatre points. Un savoir-faire d'exception, une histoire qui fait rêver avec un patrimoine riche, des équipes créatives à la recherche de l'avant-garde et des managers de grande qualité qui réussissent à créer du désir », détaille Delphine Dion.

Le luxe, un truc de riche ? « Non, depuis des années, ce marché fait face à une forte démocratisation. Ce n'est plus uniquement l'ordinaire des milliardaires. C'est devenu l'extraordinaire des classes moyennes. Surtout en Chine », ajoute la professeure.

Marion Dubois, www.ouest-france.fr, 28 juillet 2021.

Annexe 3 La France domine le marché du luxe

Les marques de luxe les plus valorisées en 2021 (en milliards de dollars)

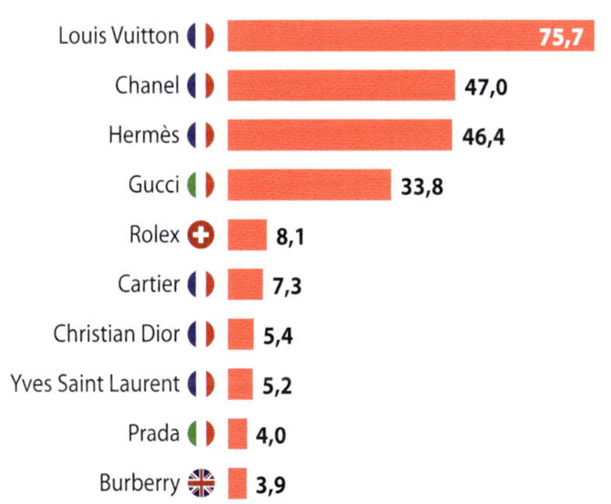

Source : BrandZ / Kantar.

Annexe 4 La progression des exportations par secteurs d'activités depuis 2008

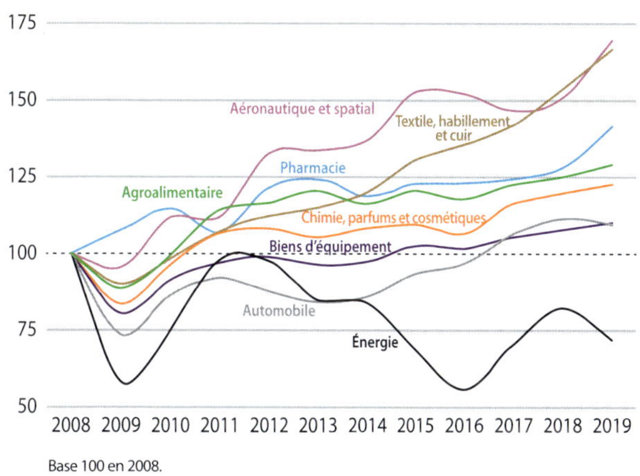

Source : Douanes, *Rapport annuel du commerce extérieur de la France*, février 2020

Vers l'épreuve

Thème 2 : Comment la richesse se crée-t-elle et se répartit-elle ?

À partir de vos connaissances et de la documentation fournie dans les annexes 1 à 5 :

1. Commentez l'évolution du taux de croissance du PIB réel en France de 2013 à 2023.
2. Calculez le taux de croissance des emplois vacants entre 2019 et 2022.
3. Relevez les conséquences sur la croissance économique d'une transition climatique retardée.
4. Établissez le lien existant entre la rareté des facteurs de production et la croissance économique.
5. Rédigez une argumentation qui vous permette de répondre à la question suivante : Une croissance économique stable et pérenne est-elle possible et souhaitable ?

Annexe 1 Le taux de croissance du PIB réel en France de 2013 à 2023

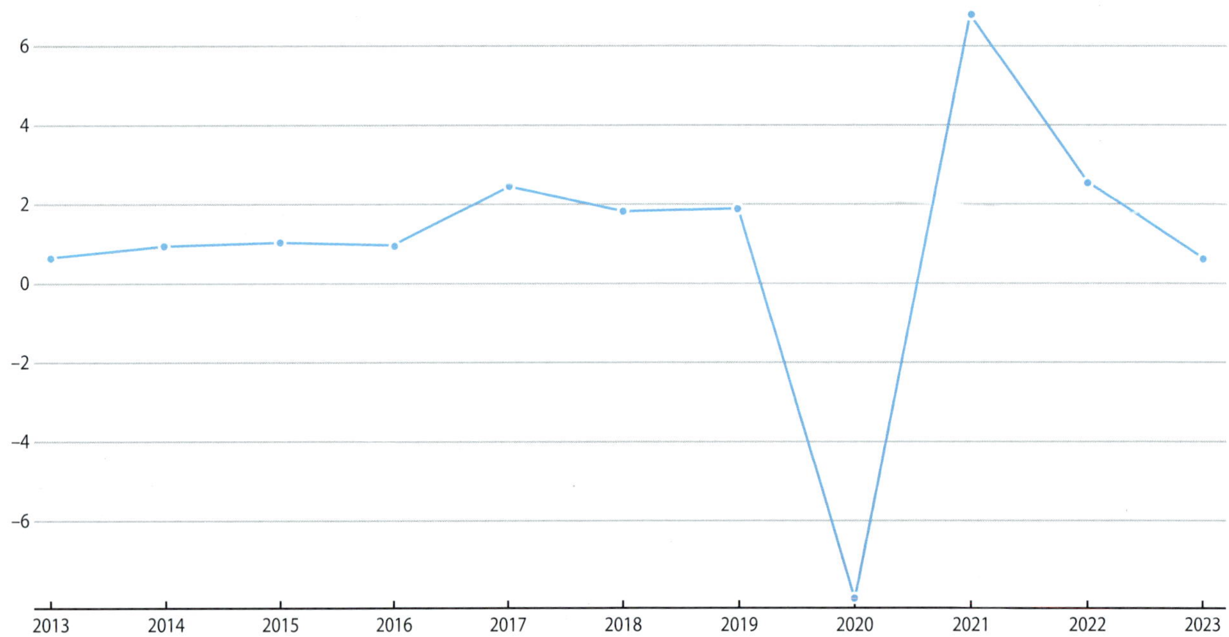

2023 : prévisions.

Source : OCDE, 2022.

Annexe 2 Les emplois vacants en France

	2019	2020*	2021	2022**
Nombre d'emplois vacants	216 397	194 959	349 268	352 010

* Données du T1 non déterminées. ** Données du T4 non connues.

Source : Dares, 15 décembre 2022.

Annexe 3 L'Europe risque une pénurie de gaz, une ressource naturelle essentielle

L'Europe risque de manquer de gaz pour l'hiver 2023-2024, alerte ce jeudi 3 novembre l'Agence internationale de l'Énergie (AIE), qui appelle les gouvernements à « agir immédiatement » notamment pour réduire la demande. Quelque 30 milliards de mètres cubes de gaz pourraient bien manquer l'an prochain, en cas d'arrêt complet des livraisons venues de Russie mais aussi du fait du rebond économique de la Chine qui viendrait absorber une large part du GNL [gaz naturel liquéfié], estime dans ses calculs l'AIE, créée par l'OCDE en 1974 pour conseiller les pays en matière énergétique.
Les réserves européennes ne seraient alors plus remplies qu'à 65 % au début de l'hiver 2023-2024, contre 95 % aujourd'hui, a indiqué son directeur Fatih Birol [...].

L'Obs avec AFP, 3 novembre 2022.

Annexe 4 Faible productivité du travail en France et capital humain

[La *Note* du Conseil d'analyse économique] montre que la productivité ralentit en France depuis une vingtaine d'années par rapport à l'Allemagne et aux États-Unis. Ce constat remet en cause le diagnostic traditionnel du déclassement économique français, selon lequel la productivité resterait forte et le problème principal serait un faible taux d'emploi. [...]
[Elle montre] que le capital humain doit devenir un levier prioritaire, en commençant par l'éducation et l'acquisition de compétences mathématiques et socio-comportementales. Ces compétences jouent en effet un rôle prépondérant pour la croissance de la productivité dans les économies modernes. Or la France souffre d'un décrochage éducatif qui concerne jusqu'aux meilleurs élèves. [...] [En outre,] de nombreux étudiants se détournent [des carrières de la science et de l'innovation] alors qu'ils en ont l'aptitude, notamment les femmes et les individus issus de milieux modestes ou de territoires désavantagés.

Maria Guadalupe, Xavier Jaravel, Thomas Philippon, David Sraer, « Cap sur le capital humain pour renouer avec la croissance de la productivité », Conseil d'analyse économique, Note n° 75, septembre 2022.

Annexe 5 Changement climatique et croissance

Le monde doit réduire ses émissions de gaz à effet de serre d'au moins 25 % avant la fin de la décennie en cours pour atteindre la neutralité carbone d'ici 2050. Les progrès requis pour accomplir cette transformation majeure auront inévitablement des coûts économiques à court terme, mais ces derniers sont éclipsés par les innombrables bienfaits à long terme d'un ralentissement du changement climatique. [...] Si les bonnes mesures sont prises immédiatement et introduites progressivement au cours des huit prochaines années, les coûts seront faibles. Ils seront toutefois beaucoup plus lourds si la transition vers les énergies renouvelables est retardée. [...]
Les politiques climatiques doivent être graduelles afin de maîtriser les coûts, mais pour un maximum d'efficacité, elles doivent aussi être crédibles. Si la crédibilité des politiques climatiques n'est que partielle, les entreprises et les ménages n'intégreront pas l'augmentation future de la fiscalité dans la planification de leurs décisions d'investissement.
La transition s'en trouvera ralentie (moins d'investissements dans l'isolation thermique et les systèmes de chauffage, dans les technologies faiblement émissives, etc.), ce qui nécessitera des politiques plus strictes pour atteindre le même objectif de décarbonation, le corollaire étant une inflation plus forte et une croissance du produit intérieur brut plus faible à la fin de la décennie.

Benjamin Carton, Jean-Marc Natal, www.imf.org, 5 octobre 2022.

Vers l'épreuve

Thème 3 : Comment les ménages décident-ils d'affecter leur revenu ?

À partir de vos connaissances et de la documentation fournie dans les annexes 1 à 5 :

1. Identifiez les déterminants économiques de la consommation.
2. Établissez un lien entre l'évolution de l'indice des prix à la consommation (IPC) et la consommation totale de biens par les ménages. Pour préciser votre démonstration, calculez le taux d'évolution de la consommation de biens entre novembre 2022 et novembre 2021.
3. Montrez les incidences du niveau de l'indice des prix à la consommation sur l'épargne des ménages.
4. Rédigez une argumentation qui vous permette de répondre à la question suivante : L'État peut-il améliorer le pouvoir d'achat des ménages ?

Annexe 1 La consommation totale de biens entre novembre 2021 et novembre 2022

Données mensuelles en milliards d'euros	
Novembre 2022	45 922
Octobre 2022	45 684
Septembre 2022	46 943
Août 2022	46 332
Juillet 2022	46 268
Juin 2022	46 736
Mai 2022	46 669
Avril 2022	46 654
Mars 2022	46 863
Février 2022	47 517
Janvier 2022	47 747
Décembre 2021	48 069
Novembre 2021	48 464

Lecture : en novembre 2022, la consommation totale en biens des ménages s'élevait à 45 922 milliards d'euros.

Source : Insee, 6 janvier 2023.

Annexe 2 Glissements annuels de l'indice des prix à la consommation (en %)

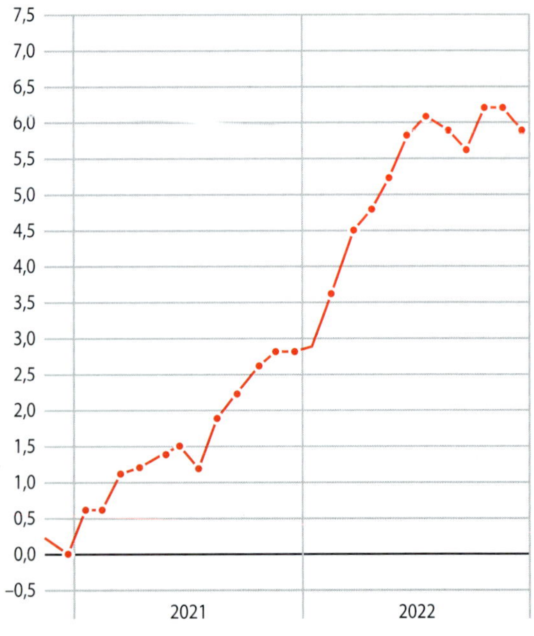

Source : Insee, 13 janvier 2023.

Annexe 3 Le taux des livrets d'épargne augmente, mais pas suffisamment pour protéger de l'inflation

Le taux du Livret A et du Livret de développement durable et solidaire (LDDS) passera de 2 % à 3 %. [...] Les taux des livrets d'épargne réglementés sont fixés par l'État, sur proposition de la Banque de France, la banque centrale française.
Une inflation élevée nuit à l'épargne des ménages placée [sur ces livrets]. Prenons l'exemple de Colette qui détient un Livret A auquel s'applique un taux d'intérêt de 3 % à partir du 1er février. Ainsi, si Colette possède 1 000 euros sur son livret, elle obtiendra dans un an 30 euros d'intérêts, soit 1 030 euros. Cependant, si l'inflation s'élève à 5 % sur cette même période, Colette aura besoin d'avoir 1 050 euros pour s'offrir ce qu'elle pouvait s'acheter avec 1 000 euros l'année précédente. Elle aura donc perdu 20 euros en plaçant son épargne.

Brief éco, 25 janvier 2023.

Annexe 4 Le niveau d'épargne des ménages se maintient

Si l'inflation appauvrit les épargnants, elle ne les décourage pas de mettre de l'argent de côté. Au contraire, elle les pousse même, dans une certaine mesure, à redoubler de prudence. Le taux d'épargne des Français, monté au-dessus de la barre des 20 % (de leurs revenus disponibles bruts) pendant la crise du Covid-19, ne redescend guère depuis, malgré la fin des confinements, qui avaient contraint la consommation. [...] « Durant les chocs de grande ampleur, les ménages ne privilégient plus leur consommation, décrypte Alain Tourdjman, directeur des études économiques et prospective au sein du groupe BPCE. En général, à la suite des crises financières, on observe une augmentation significative de l'épargne. » Plutôt que de consommer sur-le-champ, ce qui serait rationnel lorsque les prix augmentent, la volonté de se prémunir face à l'incertitude l'emporte largement chez les ménages.

Béatrice Madeline, www.lemonde.fr, 6 mai 2022.

Annexe 5 Les nouvelles mesures du gouvernement en faveur du pouvoir d'achat

Parmi ces nouvelles mesures figurent une hausse de la prime dite Macron, une prime exceptionnelle versée aux salariés, ainsi que du point d'indice des fonctionnaires, qui sert de base au calcul de leur rémunération. Sont également proposées une revalorisation dès cet été de l'ensemble des prestations sociales prévue normalement en avril prochain, la mise en place d'une « indemnité carburant » pour les travailleurs modestes et l'installation d'un « bouclier loyer » afin de limiter pendant un an la hausse des loyers à 3,5 %. [...]
L'évolution du pouvoir d'achat correspond à la différence entre l'évolution du revenu disponible et celle de l'inflation (prix des biens et des services). Elle est calculée par l'Insee pour l'ensemble des ménages. Cette moyenne ne dit donc rien des situations particulières. Par exemple, une augmentation du prix des carburants peut entraîner une baisse du pouvoir d'achat des automobilistes, mais n'aura pas d'incidence directe sur le reste de la population. Ainsi, l'évolution du pouvoir d'achat de chaque ménage dépend de multiples facteurs tels que ses habitudes de consommation et son niveau de vie, celui-ci pouvant évoluer différemment en fonction de la réévaluation des prestations sociales et des prélèvements obligatoires.

Brief éco, 13 juillet 2022.

Vers l'épreuve

Thème 4 : Quels modes de financement de l'activité économique ?

À partir de vos connaissances et de la documentation fournie dans les annexes 1 à 4 :

1. Commentez l'évolution du nombre des ménages qui ont acheté des actions entre le 4e trimestre 2019 et le 3e trimestre 2022. Le calcul du taux d'évolution est recommandé pour soutenir vos constatations.
2. Précisez les conséquences de cette évolution sur le financement des entreprises.
3. Expliquez si les ménages peuvent orienter les investissements des entreprises dans des projets solidaires et respectueux de l'environnement.
4. Rédigez une argumentation qui vous permette de répondre à la question suivante : La capacité de financement des ménages répond-elle toujours aux besoins des entreprises ?

Annexe 1 L'évolution du nombre de ménages ayant réalisé au moins un achat d'actions et nombre de « nouveaux » investisseurs (en milliers, par trimestre)

	T4 2019	T1 2020	T2 2020	T3 2020	T4 2020	T1 2021	T2 2021	T3 2021	T4 2021	T1 2022	T2 2022	T3 2022
Nombre d'acheteurs	767	675	641	471	557	602	585	526	562	606	599	485
Dont nombre de nouveaux investisseurs	399	170	139	43	59	70	55	40	52	91	64	39

Source : Autorité des marchés financiers, octobre 2022.

Annexe 2 Soutenir des projets à forte utilité sociale grâce aux circuits financiers

Pourquoi et comment la finance peut-elle favoriser la création d'un monde plus durable pour tous ? Parce que le secteur financier joue un rôle important dans le financement de l'économie. En effet, les circuits financiers permettent de collecter les capitaux disponibles détenus par les agents économiques ayant une capacité de financement (généralement l'épargne des ménages) pour les mettre à disposition des agents ayant un besoin de financement [...]. Les différents acteurs financiers peuvent donc activement participer à une meilleure orientation des capitaux disponibles vers le financement d'investissements ayant un impact positif pour la société à moyen et à long terme.

La finance solidaire recouvre l'ensemble des initiatives et réglementations visant à faciliter le financement de projets destinés à lutter contre l'exclusion et à améliorer la cohésion sociale. La finance solidaire repose sur une épargne placée par les épargnants sur des produits financiers solidaires. Cette épargne collectée est ensuite orientée vers des porteurs de projets développant des activités à forte utilité sociale. La rentabilité financière n'est pas la priorité de l'épargnant. L'objectif recherché est par exemple de favoriser la réinsertion, la solidarité internationale, de lutter contre le chômage, contre le mal logement.

L'Éco en bref, « La finance durable », 17 janvier 2022.

Annexe 3 Réveillez votre argent pour la planète !

En plaçant votre épargne sur des fonds [d'investissement] labellisés Greenfin, vous avez la garantie que ces sommes participeront au développement d'une économie durable et respectueuse de l'environnement. Ce label est délivré par le ministère de la Transition écologique et solidaire.

Comment ça marche ?

Les montants placés sur un support labellisé Greenfin seront intégralement orientés vers des fonds d'investissement qui financent des entreprises vertueuses présentes sur des secteurs d'avenir.

Ces fonds d'investissement répondent à des objectifs de rentabilité et possèdent aussi une vocation extra-financière. Ils peuvent investir en capital ou en dette sur des PME spécialisées ou des grands groupes tirant leurs revenus d'activités écologiquement responsables. Ils peuvent soutenir des projets d'infrastructures propres ou encore acheter des obligations vertes qui permettent le financement de projets durables. [...]

Où va mon argent ?

Le ministère de la Transition écologique et solidaire a établi un référentiel qui guide les investissements des fonds labellisés vers des activités spécifiques : énergies renouvelables, bâtiments verts, économie circulaire, transport propre, agriculture biologique, dépollution, industrie innovante.

Par ailleurs, les fonds ont l'interdiction de financer des entreprises liées aux secteurs de l'énergie fossile et du nucléaire, ou des entreprises ayant subi des controverses sociales ou éthiques. Les gérants doivent également mesurer l'impact concret de leurs investissements sur la transition écologique.

www.ecologie.gouv.fr, 16 novembre 2022.

Annexe 4 Un essoufflement de la dynamique d'investissement des PME et TPE

Interrogées durant la deuxième quinzaine d'octobre [par Bpifrance[1]], les TPE et PME[2] font part d'une poursuite de la dégradation de leur trésorerie et d'une correction de la dynamique d'investissement.

Les difficultés de recrutement restent de loin la première préoccupation des dirigeants de PME/TPE, citées par 59 % d'entre eux

Les coûts et les prix trop élevés arrivent en deuxième position, cités par 43 % des dirigeants (+ 2 points sur le trimestre et + 15 points sur un an). [...] La part des dirigeants déclarant avoir des difficultés d'approvisionnement perd 4 points à 74 %. Les dirigeants s'attendent néanmoins à ce que ces difficultés se poursuivent : 41 % d'entre eux pensent qu'elles ne se résorberont pas avant au moins un an.

49 % des dirigeants de PME/TPE comptent investir ou ont investi en 2022, une proportion en baisse sur le trimestre

La part de ceux qui estiment que leurs dépenses d'investissement seront en hausse cette année (19 % d'entre eux) recule de 7 points. La part des dirigeants qui indiquent que leurs dépenses d'investissement sont ou seront en baisse dans le même temps progresse (33 %, + 4 points). Le renouvellement et/ou la modernisation des équipements et installations sont, toujours de loin, les principales destinations des dépenses d'investissement.

1. Banque publique d'investissement française, ayant pour mission le financement et le développement des entreprises.
2. TPE : très petites entreprises. PME : petites et moyennes entreprises.

www.lelab.bpifrance.fr, 17 novembre 2022.

Vers l'épreuve

Thème 5 : Les marchés des biens et services sont-ils concurrentiels ?

À partir de vos connaissances et de la documentation fournie dans les annexes 1 à 5 :

1. Caractérisez l'offre et la demande sur le marché du pétrole.
2. Présentez l'évolution de la consommation de pétrole pour les pays développés et les pays émergents.
3. Expliquez la baisse des prix sur le marché du pétrole en 2020 puis leur flambée en 2022.
4. Rédigez une argumentation qui vous permette de répondre à la question suivante : Le marché du pétrole est-il un marché concurrentiel ?

Annexe 1 L'offre mondiale de pétrole

Connu depuis l'Antiquité, le pétrole a fait l'objet d'une exploitation et d'une utilisation industrielles à compter des années 1850 seulement. Outre les carburants comme l'essence ou le gazole, l'industrie pétrolière génère une myriade de produits dérivés : matières plastiques, textiles, caoutchoucs artificiels, colorants ou encore produits intermédiaires utilisés pour la chimie et la pharmacie. De fait, l'évolution du prix du pétrole a un impact important sur la structure de coût de très nombreux secteurs d'activité. On parle alors d'une « matière première ». [...]
Entre 2020 et 2021, la production mondiale de pétrole a augmenté de 1,4 million [de barils par jour]. Les trois quarts du pétrole sont issus des pays de l'OPEP. [...]
L'Organisation des pays exportateurs de pétrole regroupe l'Arabie saoudite, l'Iran, l'Irak, les Émirats arabes unis, le Venezuela, le Nigeria, le Koweït, l'Angola, la Libye, l'Algérie, le Qatar, l'Équateur, le Gabon, la Guinée équatoriale et la république du Congo. Le cartel et ses alliés se réunissent régulièrement pour décider de l'évolution de leurs quotas respectifs de production. Cela permet de réguler les prix du pétrole, avec plus ou moins de réussite. L'OPEP+ est composée des membres de l'OPEP, plus dix autres pays dont la Russie et le Mexique.

www.boursorama.com, 20 octobre 2022.

Annexe 2 Les déterminants actuels du prix du pétrole

Après une baisse de près de 20 % en 2020, les prix du pétrole ont augmenté de presque 50 % en 2021. Alors qu'ils sont orientés à la baisse depuis la deuxième moitié de 2022 après avoir atteint des sommets à plus de 135 dollars le baril après l'invasion de l'Ukraine par la Russie, de nombreux investisseurs se demandent si les prix de l'or noir vont continuer de baisser ou s'ils vont au contraire augmenter en 2023. [...]
Globalement, le prix du pétrole est influencé par les facteurs suivants : la valeur du dollar américain (avec qui il a une relation inverse), le niveau de l'offre, l'évolution de la demande, le changement du paysage économique (croissance/stagnation/récession), les décisions gouvernementales, les guerres, ainsi que les changements des habitudes de consommation de la population.
Aujourd'hui, les incertitudes concernant l'offre (avec le conflit entre la Russie et l'Ukraine et les sanctions de l'Ouest envers la Russie) et la demande (alors que la Chine réouvre son économie et que les craintes autour d'une récession mondiale s'intensifient) sont de plus en plus importantes. Il ne faut pas non plus oublier la potentielle résurgence de cas de Covid-19 qui pourrait entraîner des restrictions dans certaines parties du monde. [...]
Fin 2022, l'Agence internationale de l'énergie (AIE) a réduit son estimation de la croissance de la demande mondiale de pétrole pour l'année prochaine, la ramenant de 1,7 million de barils par jour à 1,6 million de barils par jour.

www.boursorama.com, 12 janvier 2023.

Annexe 3 Les cinq pays plus grands producteurs de pétrole

Rang	Pays	Production en milliers de barils par jour	Part de la production mondiale
1	États-Unis	16 585	18,5 %
2	Arabie saoudite	10 954	12,2 %
3	Russie	10 944	12,2 %
4	Canada	5 429	6 %
5	Irak	4 102	4,6 %

Source : BP, Statistical Review of World Energy, 2022.

Annexe 4 La consommation mondiale de pétrole (en milliers de barils/jour)

Pays	2020	2021	Évolution 2020-2021	Part de la consommation mondiale
États-Unis	17 183	18 684	8,0 %	19,9 %
Chine	14 408	15 442	6,7 %	16,4 %
Inde	4 701	4 878	3,6 %	5,2 %
Arabie saoudite	3 552	3 595	1,2 %	3,8 %
Russie	3 210	3 407	5,8 %	3,6 %
Japon	3 269	3 341	2,2 %	3,6 %
Brésil	2 134	2 252	5,2 %	2,4 %
Canada	2 191	2 229	1,7 %	2,4 %
Allemagne	2 049	2 045	- 0,2 %	2,2 %
France	1 307	1 424	8,2 %	1,5 %
Total monde	88 746	94 088	5,7 %	100,00 %

Source : BP, Statistical Review of World Energy, 2022.

Annexe 5 L'évolution du cours du pétrole brut depuis 2013

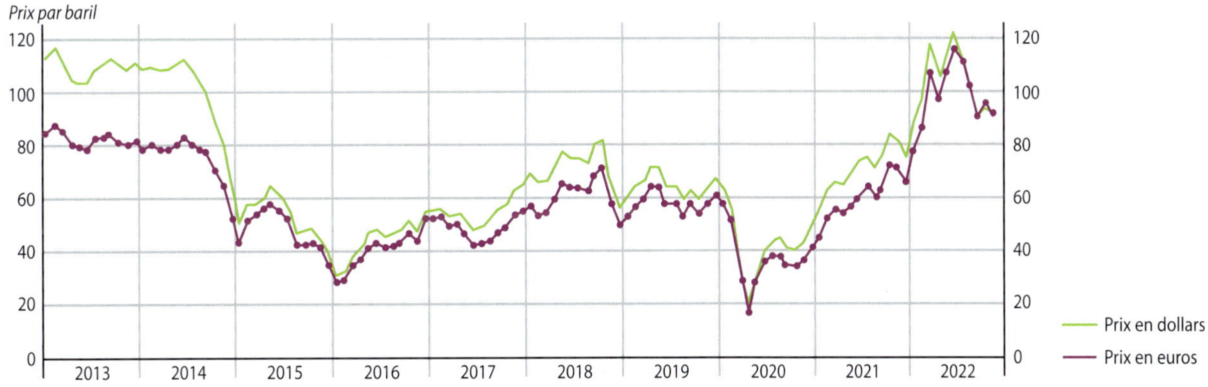

Source : Insee.

Lexique

A

Action
Part du capital d'une entreprise.

Administration publique
Organisation dont la fonction est de fournir des services publics non marchands et d'assurer des opérations de redistribution. Les administrations publiques sont au nombre de trois : l'État central, les collectivités territoriales, les administrations de sécurité sociale. Leurs ressources proviennent des prélèvements obligatoires que sont les impôts, les taxes et les cotisations sociales.

Agent économique
Groupe d'acteurs économiques qui sont regroupés selon leur fonction économique principale. Les agents économiques sont au nombre de six : les entreprises, les ménages, les institutions financières, les administrations publiques, les institutions sans but lucratif au service des ménages et le reste du monde.

Agrégat
Grandeur synthétique caractérisant l'activité économique d'un pays et obtenue en combinant divers postes de la comptabilité nationale. Le principal agrégat est le PIB qui est utilisé pour mesurer la croissance économique.

Arbitrage
Désigne une situation de choix qui s'impose à un agent économique ou qu'un agent économique décide de lui-même. En microéconomie, les arbitrages les plus courants sont entre l'épargne et la consommation, ou entre l'investissement et plusieurs paniers de biens. L'arbitrage est censé permettre à l'agent de maximiser son profit ou son utilité.

Autofinancement
Financement autonome des investissements d'une entreprise sans recours à l'emprunt bancaire ou obligataire et sans faire appel à des capitaux extérieurs (augmentation de capital, par exemple). L'autofinancement correspond au financement interne.

B

Barrières à l'entrée
Toute action ou comportement ayant pour objet d'éviter l'offre supplémentaire de produits sur le marché par un concurrent potentiel.

Besoin de financement
Certains agents économiques ont des besoins de financement : leur épargne est insuffisante pour financer leur investissement. Ce sont les entreprises ou les ménages qui doivent financer un investissement, ou encore l'État qui doit financer le déficit budgétaire. Ces agents qui ont des besoins de capitaux doivent pouvoir bénéficier des excédents de liquidités des agents à capacités de financement.

Bien collectif
Bien susceptible d'être consommé par plusieurs consommateurs sans que la consommation de l'un réduise la quantité disponible pour les autres (condition d'invisibilité), et sans que l'on puisse exclure une personne de sa consommation par un mécanisme des prix (condition d'inexcluabilité).

Bien économique
Tout bien ou service qui est produit par l'activité humaine et qui répond à trois critères : satisfaire un besoin (c'est la notion d'utilité), exister en quantité limitée et pouvoir s'échanger sur un marché.

Bien libre
Bien existant à l'état naturel, immédiatement disponible et gratuit, sans effort particulier.

Bien mixte
Bien collectif dont on peut exclure certains consommateurs par un système de péage ou de redevance.

Bien public
Bien collectif qui répond parfaitement aux conditions d'indivisibilité et d'inexcluabilité (défense nationale, justice, sécurité intérieure, par exemple). On parle aussi de bien collectif pur.

Brevet
Dispositif protégeant une innovation technique, c'est-à-dire un produit ou un procédé qui apporte une solution technique à un problème technique donné.

C

Capacité de financement
Certains agents économiques (généralement les ménages) ont des dépenses inférieures à leurs revenus : ils épargnent et dégagent des capacités de financement. Ils peuvent ainsi vouloir augmenter leurs revenus en mettant ces ressources à la disposition des agents économiques qui ont des besoins de financement pour développer leurs activités, et cela moyennant une rémunération (les intérêts).

Capital
Ensemble de biens matériels ou d'actifs financiers susceptibles de produire des richesses.

Capital humain
Somme des connaissances ou des savoir-faire qui améliorent l'efficacité productive de l'homme au travail.

Capital technique
Ensemble des biens matériels de production possédés par une entreprise.

Cartel
Association ou entente entre entreprises de même nature, mettant en commun certains services ou certaines politiques dans le but de contrôler un marché, une zone, un produit et de pratiquer un système de prix hors concurrence.

Choix économique
Analyse du calcul économique des préférences de l'agent. La décision est prise après avoir calculé les différents avantages et inconvénients de chaque projet.

Circuit économique
Représentation des mouvements de flux - « ou circulation » - de produits, de revenus, de signes monétaires et financiers de l'économie.

Coefficient budgétaire
Désigne la part de son budget qu'un consommateur consacre à une famille de dépenses.

Concurrence
Structure de marché caractérisée par une confrontation libre d'un grand nombre d'offreurs et de demandeurs.

Concurrence imparfaite
La concurrence imparfaite est une situation de concurrence plus conforme aux faits observés qui aboutit à des structures de type monopolistique ou oligopolistique.

Consommation
Désigne tout acte d'achat de biens ou de services par des ménages ou des entreprises.

Contrainte économique
Constatation des restrictions apportées dans le déroulement des processus économiques, par des événements ou des situations sur lesquels on n'a pas d'influence. Ex. : lorsque notre budget ne suffit pas pour nous offrir tous nos besoins.

Coût marginal
Coût supplémentaire généré par le dernier bien ou le dernier service produit. Il joue un rôle fondamental dans l'analyse des décisions de production et permet ainsi à un dirigeant d'entreprise de s'interroger à chaque instant sur l'opportunité d'augmenter sa production ou au contraire de la diminuer. Le coût marginal est le concept à utiliser en complément du coût moyen ou du coût total d'une production.

Coût d'opportunité
Lorsqu'un individu effectue un choix, il renonce à des biens ou des services qui lui auraient procuré satisfaction. Ce choix présente un coût d'opportunité égal à la valeur des satisfactions auxquelles il renonce.

D

Décile
Si on ordonne une distribution de salaires, de revenus, de chiffre d'affaires..., les déciles sont les valeurs qui partagent cette distribution en dix parties égales.

Décision
Action mentale volontaire de faire le choix d'une solution à un problème. Le problème des choix et de la décision constitue l'objet central de la microéconomie.

Demande
Quantité de produits que les acheteurs sont prêts à acheter à un prix donné.

Déterminants de la consommation et de l'épargne
Facteurs qui agissent sur le niveau de consommation et d'épargne des ménages.

Différenciation
Développement de caractéristiques d'un produit perçues comme uniques par le consommateur.

DIT (division internationale du travail)
Extension de la division du travail appliquée au commerce international. Elle désigne le fait que les pays se soient spécialisés pour produire certains biens économiques : ils ne travaillent pas tous sur les mêmes produits et, de ce fait, échangent entre eux leur production.

Dividende
Revenu du capital qui correspond à la part des bénéfices distribués aux actionnaires d'une société de capitaux.

E

Échange
Acte économique de cession avec contrepartie entre deux unités économiques. L'échange peut être non monétaire ou monétaire. Dans le premier cas, il s'agit du troc simple : une marchandise est échangée contre une marchandise.

Élasticité-prix croisée
L'élasticité-prix croisée de la demande mesure la sensibilité de la demande d'un produit au changement de prix d'un autre produit.

Élasticité-prix de la demande
L'élasticité est le rapport entre le pourcentage de variation de la demande d'un bien et le pourcentage de variation de son prix. Elle mesure l'intensité de réaction de la demande d'un bien aux fluctuations de son prix.

Empreinte carbone
L'empreinte carbone représente la quantité de gaz à effet de serre (GES) générée par la demande finale intérieure d'un pays (consommation des ménages, administrations publiques, organismes à but non lucratifs, investissement), que ces biens ou services soient produits sur le territoire national ou importés.

Empreinte écologique
Reflète le degré d'utilisation des ressources naturelles renouvelables par l'homme à des fins de production et de consommation matérielles.

Entente
Accord entre plusieurs entreprises pour fausser le jeu de la concurrence.

Entreprise
Organisation dont la fonction économique principale est de produire des biens et des services marchands. Ses ressources proviennent du bénéfice dégagé par la vente de ses produits.

Épargne
Part non consommée du revenu disponible dont le but est de satisfaire des besoins futurs.

Excédent brut d'exploitation
Solde du compte d'exploitation pour les sociétés (ou bénéfice d'exploitation).

Exportation
Ventes à l'étranger de marchandises fabriquées sur un territoire donné par des entreprises nationales ou étrangères.

F

Facteur de production
Éléments primaires (intégrés dans le processus de production sans transformation : ressources naturelles, travail) ou secondaires (qui ont subi une transformation avant d'être utilisés pour produire : capital, information, savoir) dont la combinaison permet la production.

Financement externe direct
On parle de financement direct (ou désintermédié) lorsque les agents économiques à besoins de financement se procurent des capitaux sur les marchés financiers par l'émission et la vente de titres destinés aux agents économiques à capacités de financement.

Financement externe indirect
On parle de financement indirect lorsque les agents économiques à besoins de financement se procurent des capitaux auprès des institutions financières en contractant un emprunt. Les institutions financières collectent de l'épargne auprès de ceux qui ont des capacités afin d'accorder des crédits (conditionnés par le taux d'intérêt) à ceux qui en ont besoin.

Flux
Mouvement de circulation de biens et de services (flux réels) ou de monnaie (flux monétaires) entre deux agents.

Lexique

G

Gains de productivité
Augmentation du rapport production/facteurs de production. Le volume de la production augmente donc plus vite que le volume des moyens mis en œuvre pour obtenir cette production. Cela signifie que l'entreprise crée plus de richesses grâce à une combinaison plus efficace des facteurs de production.

I

Importation
Achat par des agents économiques résidents auprès d'agents économiques non résidents, c'est-à-dire implantés dans un pays étranger. « Résident » signifie « installé dans le pays », donc l'agent économique résident peut être de la nationalité du pays ou de nationalité étrangère.

Indice de développement humain (IDH)
Indice composite regroupant trois dimensions fondamentales du développement humain. L'espérance de vie à la naissance exprime la capacité à vivre longtemps et en bonne santé. La durée moyenne de scolarisation et la durée attendue de scolarisation expriment la capacité à acquérir des connaissances. Le revenu national brut par habitant exprime la capacité à avoir un niveau de vie décent. L'IDH a une limite supérieure à 1.

Indice des prix à la consommation (IPC)
L'IPC est l'instrument de mesure de l'inflation calculé par l'Insee. Il permet d'estimer, entre deux périodes données, la variation moyenne des prix des produits consommés par les ménages. Il est basé sur l'observation des prix d'un panier fixe de biens et services, actualisé chaque année.

Inflation
L'inflation est la perte du pouvoir d'achat de la monnaie qui se traduit par une augmentation générale et durable des prix.

Innovation
L'innovation désigne l'introduction sur le marché d'un produit ou d'un procédé nouveau ou significativement amélioré par rapport à ceux précédemment élaborés par l'entreprise. On distingue deux types d'innovations : les innovations de produits (biens ou services) et les innovations de procédés (incluant les innovations d'organisation et de marketing).

Input
Ce qui est consommé dans l'acte de production.

Intérêt
Somme versée en rémunération d'un placement ou reçue par un prêteur. Il est calculé selon le montant placé ou emprunté, la durée de l'opération et le taux d'intérêt. Il s'exprime généralement en un taux annuel qui indique alors le prix à payer pour le prêt pour un an d'une valeur correspondant à 100 unités monétaires.

Investissement
Dépenses réalisées par les producteurs pour acheter des biens de production afin d'accroître, renouveler et maintenir leur stock de capital. On distingue généralement l'investissement matériel, immatériel et financier.

ISBLM
Les institutions sans but lucratif au service des ménages (ISBLM) regroupent l'ensemble des unités privées dotées de la personnalité juridique qui produisent des biens et services non marchands au profit des ménages. Leurs ressources principales proviennent de contributions volontaires en espèces ou en nature effectuées par les ménages en leur qualité de consommateurs, de versements provenant des administrations publiques, ainsi que de revenus de la propriété.

L

Loyer
Revenu versé au propriétaire d'un logement par le locataire en contrepartie de la mise à disposition de ce logement.

M

Marché
Lieu réel ou fictif de rencontre entre l'offre et la demande d'un bien ou service, dont la confrontation détermine le prix.

Marché concurrentiel
Marché qui, en théorie, est en situation de concurrence pure et parfaite c'est-à-dire qui répond à 5 conditions ou qui s'en rapproche : atomicité, homogénéité, libre entrée, transparence et libre circulation des facteurs de production.

Marché financier
Marché sur lequel sont émis et échangés les titres financiers (actions, obligations) afin d'assurer le financement des agents à besoins de financement et la gestion de l'épargne des agents à capacités de financement.

Marché non concurrentiel
Marché qui ne répond pas à une ou plusieurs des conditions de la concurrence pure et parfaite.

Marché pertinent
Lieu sur lequel se rencontrent l'offre et la demande pour un produit ou un service spécifique.

Maximisation
Rendre maximum un objectif : profit, chiffre d'affaires, satisfactions, surplus global, etc.

Ménage
Ensemble des occupants d'un même logement sans que ces personnes soient nécessairement unies par des liens de parenté (en cas de cohabitation par exemple). Au sens de la comptabilité nationale, un ménage est un individu ou un groupe d'individus dont la fonction principale est de consommer les biens et les services marchands ou non marchands.

Monnaie
Bien qui sert de moyen d'échange, d'unité de compte et de réserve de valeur.

Monnaie fiduciaire
Monnaie comprenant les pièces et les billets de banque qui se caractérise par le fait que sa valeur est déterminée par la confiance que lui accorde ses utilisateurs plutôt que par son coût de production. En d'autres termes, cela signifie qu'un billet de 500 euros vaut cette valeur non pas en raison de son coût de production, mais en raison du fait que les utilisateurs considèrent que ce billet leur permettra d'acheter quelque chose (bien ou service) d'une valeur de 500 euros. La monnaie fiduciaire représente une fraction limitée (environ 9 %) de la masse monétaire en circulation.

Monnaie scripturale
Total des soldes créditeurs des ménages et des entreprises déposés sur des comptes bancaires gérés par des établissements de crédit et des établissements assimilés. La monnaie scripturale forme l'essentiel de la masse monétaire en circulation (91 %). Cette monnaie circule entre les différents agents économiques par le biais de moyens dématérialisés comme les virements bancaires, les prélèvements, les cartes de paiement ou encore les chèques.

Monopole
Situation de concurrence imparfaite où une seule entreprise offre un produit sur le marché.

O

Obligation
Titre financier émis par un emprunteur collectant des fonds sur les marchés financiers. Le détenteur d'une obligation est rémunéré par un intérêt et sera remboursé du montant de l'obligation à la fin de l'échéance. Les obligations peuvent être émises sur le marché primaire puis échangées sur le marché secondaire.

Offre
Quantité de produits que les vendeurs sont prêts à vendre à un prix donné.

Oligopole
Situation de concurrence imparfaite où quelques entreprises se partagent l'offre sur le marché.

Output
Résultat de l'acte de production, c'est-à-dire un bien ou un service.

P

Patrimoine
Somme des actifs détenus.

PIB (produit intérieur brut)
Agrégat de la comptabilité nationale représentant la richesse économique d'un pays sur une période donnée. On le calcule par la somme des valeurs ajoutées des unités productives.

Pouvoir d'achat
Capacité d'achat de biens et de services offerte par un revenu. Il est fonction de la somme générée par les revenus (du travail et du capital), du prix des biens et services et du taux d'inflation.

Préférences
Classement d'un ensemble de biens ou des besoins établi en fonction des goûts d'un individu.

Prélèvements obligatoires
Ensemble des impôts, taxes et cotisations sociales versés par les agents économiques aux administrations publiques (État, collectivités locales, Sécurité sociale).

Prix
Expression monétaire de la valeur d'échange d'un bien ou d'un service.

Prix d'équilibre
Prix qui s'établit spontanément par égalisation de l'offre et de la demande.

Production marchande
Production de biens et de services destinée à être vendue sur un marché et dont le prix couvre au moins les coûts de production. Ces biens sont produits par des entreprises.

Production non marchande
La production non marchande comprend les services gratuits ou quasi gratuits (échangés contre une contribution inférieure à 50 % de leur coût de production). Ces services sont fournis par les administrations publiques ou les organisations à but non lucratif (associations, etc.).

Productivité du capital
Elle est usuellement mesurée en rapportant la richesse créée au facteur capital : la richesse créée est mesurée par la valeur ajoutée (évaluée en volume) ; seul est retenu le volume de capital mis en œuvre dans le processus de production, c'est-à-dire le capital fixe productif.

Productivité du travail
Rapport entre la production obtenue et la quantité de facteur travail utilisée.

Productivité globale des facteurs
Part de la croissance économique qui n'est pas expliquée par l'augmentation du volume du capital et du volume du travail ; elle permet de mesurer l'efficacité de la combinaison productive.

Profit
Différence entre les charges et les produits réalisés par une entreprise au cours d'un exercice. Le profit permet de rémunérer les propriétaires de l'entreprise.

Progrès technique
Processus général de développement et de perfectionnement des méthodes et des moyens de production destinés à la maîtrise de la nature par l'homme, en réduisant de plus en plus l'effort humain.

Propension marginale à consommer
Elle mesure la variation de la consommation lorsque le revenu disponible augmente d'une unité (variation de la dépense de consommation finale d'un ménage / variation du revenu disponible du ménage).

Propension moyenne à consommer
Elle désigne la part du revenu consacrée à la consommation (dépense de consommation finale d'un ménage / revenu disponible du ménage).

Propension moyenne à épargner
Elle désigne la part du revenu consacrée à l'épargne (notion microéconomique).

R

Raisonnement à la marge
Méthode d'analyse économique basée sur la mesure de l'influence d'un faible changement d'une variable sur la situation d'un agent ou d'une collectivité.

Rareté
Caractéristique d'un bien disponible en quantité limitée, valorisée par un système de prix et qui peut faire l'objet d'une transaction.

Rationalité
Recherche du maximum de satisfaction au moindre coût ou moindre effort.

Recette marginale
Recette (chiffre d'affaires) issue de la vente d'une unité supplémentaire ou d'une série d'unités supplémentaires.

Redistribution
Intervention de l'État consistant à réaffecter les ressources des administrations publiques (prélèvements obligatoires) sous forme de prestations sociales afin d'assurer une plus grande justice sociale.

Répartition des revenus
Partage du revenu entre les individus. On distingue la répartition primaire entre les agents qui participent au processus de production (salariés, actionnaires, prêteurs) et la répartition secondaire qui est le résultat des transferts sociaux organisés par les administrations publiques (impôts et cotisations, prestations sociales).

Lexique

Ressources
Facteurs à la disposition de l'entreprise pour son développement. On distingue les ressources humaines, les ressources financières, les ressources technologiques et même les ressources relationnelles.

Reste du monde
Ensemble des agents économiques non résidents. Il s'agit des entreprises, des ménages, des administrations publiques, des institutions financières qui ne résident pas dans le pays concerné.

Revenu disponible
Le revenu disponible d'un ménage comprend les revenus d'activité, les revenus du patrimoine, les transferts en provenance d'autres ménages et les prestations sociales (y compris les pensions de retraite et les indemnités de chômage), nets des impôts directs.

Revenu mixte
Solde du compte d'exploitation pour les entreprises individuelles. Il contient deux éléments indissociables : la rémunération du travail effectué par le propriétaire et éventuellement les membres de sa famille, et son profit en tant qu'entrepreneur.

Revenus de transfert
Revenus perçus par les ménages sous forme de prestations sociales versées par l'État ou les organismes de Sécurité sociale.

Revenus du capital ou de la propriété
S'opposent aux revenus du travail car ils rémunèrent simplement la possession d'actifs matériels ou immatériels. On peut citer par exemple les loyers, les dividendes, les revenus de la propriété intellectuelle.

Revenus du travail
Revenus tirés de l'activité comme les salaires, les gages, les traitements, le solde, les honoraires.

Revenus primaires
Également appelés revenus directs des ménages, ils proviennent de la répartition de la valeur ajoutée entre les différents agents économiques. Parmi les revenus primaires, on distingue les revenus du travail et les revenus du capital et de la propriété.

S

Secteurs institutionnels
Ils regroupent les unités institutionnelles ayant des comportements économiques similaires caractérisés par leur fonction principale et la nature de leur activité. On distingue cinq secteurs institutionnels résidents : les sociétés non financières (SNF), les sociétés financières (SF), les administrations publiques (APU), les ménages, les institutions sans but lucratif au service des ménages (ISBLM).

Service
Bien économique immatériel dont la production et la consommation sont simultanées.

Service marchand
Service produit par une entreprise et destiné à être vendu à un prix supérieur à son coût de production.

Service non marchand
Service fourni par les administrations publiques de façon gratuite ou quasi gratuite, dont le prix est inférieur à son coût de revient.

Société financière
Organisation publique ou privée qui assure un rôle d'intermédiaire financier dans le financement de l'économie. Elles sont principalement constituées des banques. Elles collectent l'épargne des agents économiques à capacités de financement et prêtent de l'argent aux agents à besoins de financement. Leur ressource est constituée des intérêts versés par les emprunteurs.

Spécialisation
Action qui consiste à se consacrer à une production déterminée ou à un travail déterminé.

Structure de la consommation
Répartition des différentes catégories de biens et services qui font l'objet de dépenses de la part des ménages. Elle est utilisée pour l'analyse des postes budgétaires (habillement, alimentation, logement, etc.).

T

Taux d'autofinancement
Rapport entre l'épargne brute et le montant des investissements (FBCF). Un taux de financement supérieur à 100 % montre que l'agent économique a une épargne supérieure au montant de ses investissements. Un taux d'autofinancement inférieur à 100 % montre que l'agent économique doit faire appel au financement externe.

Taux de croissance
Le taux de croissance, appelé également taux de variation, mesure l'évolution d'une grandeur entre deux périodes. Il se calcule en faisant le rapport suivant : (valeur d'arrivée - valeur de départ) / valeur de départ × 100.

Taux de croissance du PIB ou croissance économique
Le taux de croissance du PIB entre l'année n-1 et l'année n est donné par la formule : [(PIBn - PIBn-1) / PIBn-1] × 100. Il représente l'augmentation du PIB sur la période.

Taux d'intérêt
L'intérêt est la rémunération d'un emprunt. Le taux d'intérêt mesure cette rémunération en % du montant emprunté.

Travail
Au sens économique, activité rémunérée d'un individu. Le travail doit être distingué des activités de loisir ou de formation.

U

Utilité marginale
Utilité ou satisfaction procurée par la dernière unité consommée d'un bien.

V

Valeur ajoutée
Richesse économique créée par une unité productive. Elle résulte de la différence entre la production vendue et les consommations intermédiaires.

Crédits photographiques

Couverture : caia image / Alamy Stock Photo - **p. 32** : Bloomberg / Getty Images - **p. 42** : Michelin - **p. 43** : www.inpi.fr - **p. 44** : Manuel Cohen via AFP ; Alain Guilhot/Divergence - **p. 59** : Ch. Archambault/AFP - **p. 69** : Chaunu - **p. 71** : Banque de France, ABC de l'économie, EDUCFI - **p. 73** : Chalvin - Iconovox - **p. 75** : Enov - **p. 77** : Karim - **p. 87** : caissedesdepots.fr/dossier/livret-mais-quoi-sert-mon-epargne - **p. 90** : *La Banque* - Tome 6 - Brangier Stéphane, Kerfriden Malo, Maffre Julien, Boisserie Pierre, Guillaume Philippe / DARGAUD, 2019 - **p. 97** : Gérard Mathieu - **p. 98** : extrait de *Economix*, Dan E. Burr, Michael Goodwin - traduit de l'anglais (États-Unis) par Hélène Dauniol-Remaud / © Éditions Les Arènes Paris, 2013, 2014, 2017 et 2019.
© Adobe Stock pour tous les autres visuels (photos, illustrations...).

Crédits textes

Document 1 p. 78 : vidéos conçues et réalisées par Sydo, société de conseil en pédagogies innovantes.

Couverture	François Supiot
Maquette intérieure	Ho Thanh Hung
Mise en page	CB Defretin
Coordination éditoriale	Claire Hervy
Édition	Virginie Chartrel
Iconographie	Sidonie Reboul
Schémas et infographie	CB Defretin
Cartographie	CB Defretin

IMPRIM'VERT Votre imprimeur agit pour l'environnement

PEFC PEFC/18-31-407

N° éditeur : MAGSI20220618 - Dépôt légal : avril 2023
Achevé d'imprimer en avril 2023 par Bona SpA en Italie